事业单位内部控制原理与策略研究

王存仙　著

中国商业出版社

图书在版编目（CIP）数据

事业单位内部控制原理与策略研究 / 王存仙著. —
北京：中国商业出版社，2023. 7
ISBN 978-7-5208-2567-2

Ⅰ. ①事… Ⅱ. ①王… Ⅲ. ①行政事业单位-内部审计-研究-中国 Ⅳ. ①F239. 66

中国国家版本馆 CIP 数据核字（2023）第 141714 号

责任编辑：滕 耘

中国商业出版社出版发行
（www. zgsycb. com 100053 北京广安门内报国寺 1 号）
总编室：010-63180647 编辑室：010-83118925
发行部：010-83120835/8286
新华书店经销
济南圣德宝印业有限公司印刷
*
710 毫米×1000 毫米 16 开 13. 25 印张 210 千字
2023 年 7 月第 1 版 2023 年 7 月第 1 次印刷
定价：60. 00 元
* * * *

前言

为了加强行政事业单位内部控制体系的完善和制度建设，财政部于2012年11月正式发布了《行政事业单位内部控制规范（试行）》，从2014年1月1日开始在全国范围内的行政事业单位中正式实施。财政部以2013年开始对《行政事业单位内部控制规范（试行）》的内容进行宣传与培训，要求各行业、各地区行政事业单位认真学习和贯彻。2015年12月，财政部会计司颁布《关于全面推进行政事业单位内部控制建设的指导意见》（财会〔2015〕24号），要求各单位在2016年年底前完成内部控制体系构建工作。各部委、各省市在加强宣传培训的基础上，多措并举，推进行政事业单位内部控制规范实施工作。为满足广大读者学习行政事业单位内部控制规范及相关知识的要求，笔者编写了这本《事业单位内部控制原理与策略研究》。

本书既可作为贯彻执行《行政事业单位内部控制规范（试行）》的培训材料，又可以为行政事业单位设计和完善自身内部控制制度提供指导，还可为各专业、各层次高校学生学习与了解行政事业单位内部控制规范和相关知识提供参考。

本书在写作过程中参阅了大量的文献和资料，借鉴了相关专家的研究成果。本书虽力求完善，然而由于行政事业单位类型众多，且业务种类繁多，内容上还是显得不够全面和具体。鉴于作者能力所限，书中不足之处，敬请各位读者批评指正。

作　者

2023年3月

目 录

第一章 事业单位内部控制概述

第一节 内部控制概述

内部控制发端于会计控制，回应了企业经营管理工作的现实需要，经历了自身的发展与演变，并随着经济社会的发展而不断丰富与完善。在我国，以2008年《企业内部控制基本规范》的颁布与实施为标志，内部控制逐步应用到企业领域并不断扩展。随着全面深化改革、全面依法治国方略的实施和国家治理现代化进程的推动，以2012年《行政事业单位内部控制规范（试行）》的颁布与实施为标志，内部控制应用到单位领域的经济活动管控中。由企业内部控制到单位内部控制是内部控制理论与实践的重大创新与发展，也是单位管理制度的一项重大改革与创新。

内部控制经历了内部牵制、内部控制制度、内部控制结构、内部控制整体框架等发展过程和阶段；在发展演变过程中，内部控制要素逐渐增加，从两要素、三要素、五要素发展到八要素。从内部控制的形成和演变可以看出，内部控制是经济社会不断发展的结果，是企业组织形式、规模、数量和市场竞争不断演化带来的实践需要，也是审计技术进步和管理理论创新不断推动的成果。

一、内部控制的概念

美国反虚假财务报告委员会下属的发起人委员会（The Committee of Sponsoring of the Treadway Commission，COSO）在《内部控制——整合框架》中关于企业内部控制的定义为：企业内部控制是由一个企业的董事会、管理层和其他人员实现的过程，旨在为财务报告的可靠性、经营的效果和效率、经营的合规性等目标提供合理保证。《内部控制——整合框架》把内部控制划分为控制环境、风险评估、控制活动、信息与沟通、监控五个相互关联的要素，每个要素均承载着三个目标：经营目标、财务报告目标、合规性目标。发起人委员会提出的内部控制框架体系本质上是一个侧重于强调控制职能作用发挥的管理框架，其认为内部控制是一个过程，是实现目的的手段。

我国《企业内部控制基本规范》中关于内部控制的定义为："本规范所称内部控制，是由企业董事会、监事会、经理层和全体员工实施的、旨在实现控制目标的过程。"内部控制的目标是合理保证企业经营管理合法合规、资产安全、财务报告及相关信息真实完整，提高经营效率和效果，促进企业实现发展战略；目的是加强和规范企业内部控制，提高企业经营管理水平和风险防范能力，促进企业可持续发展，维护社会主义市场经济秩序和社会公众利益。

我国在《行政事业单位内部控制规范（试行）》中关于内部控制的定义为："本规范所称内部控制，是指单位为实现控制目标，通过制定制度、实施措施和执行程序，对经济活动风险进行防范和管控。"行政事业单位内部控制的目标主要包括合理保证单位经济活动合法合规、资产安全和使用有效、财务信息真实完整，有效防范舞弊和预防腐败，提高公共服务的效率和效果；目的是进一步提高行政事业单位内部管理水平，规范内部控制，加强廉政风险防控机制建设。这一定义界定了行政事业单位内部控制规范是围绕经济活动管控制定的，内部控制工作的对象涉及经济活动的人、财、物，属于内部管理范畴。

对以上定义进行比较，可以看出，我国企业、行政事业单位内部控制概念均借鉴了发起人委员会的内部控制的概念和原理。虽然内部控制应用于行政事业单位时，与企业的控制目标不尽相同，控制的方式方法、范围有所不同，但在内部控制技术层面的理念、原则、要素、框架体系、方法体系上是基本一致的。在目标上，企业与行政事业单位内部控制都含有合理保证单位（企业）经济活动合法合规、资产安全、财务信息真实完整，提高公共服务（经营）的效率和效果的目标，不同的地方在于行政事业单位内部控制规范明确提出了有效防范舞弊和预防腐败、加强廉政风险防控机制建设的目标。

在内部控制要素方面有不同的理解和认识。比如对控制活动是内部控制要素之一还是无处不在有着不同的解释。发起人委员会认为内部控制是一个过程，是实现目的的手段，将控制活动并列为内部控制的五个要素之一。而有学者认为，内部控制的本质是一项管理职能，其形于内的是一项管理职能，而形于外的是控制活动和监控活动，控制具有普遍性，控制无处不在。以预算管理为例，这是体现管理中计划职能要求的一项管理活动。这项管理活动的有效实施过程就是控制的过程，从预算管理组织的设置到预算编制、审批、执行、调整、分析、评价、奖惩等不同控制环节的设定，都体现为一系列的控制活动。所以有时人们把预算管理说成是预算控制。这种不同的理解和认识影响着人们对于内部控制定义的理解和对于内部控制框架体系的应用。

不论内部控制是一个管理框架，还是一项管理职能，都存在如何使这样一个管理框架或者是一项管理职能适用的问题。从规范适用层面来看，内部控制是一种预防性的规范适用方法。单位内部控制通过制定与完善制度、建立与明确岗位职责、梳理与改善流程、信息公开与信息化建设，预先将法律规定、政策或者执行法律规定、政策的制度落实到单位岗位职责、流程之中，从而起到提升单位内部管理水平、提高公共服务的效率和效果、有效防范舞弊和预防腐败的目的。

还需要注意的是，“内部控制”与“内部控制制度”不是一个概念。内部控制是管理职能，内部控制制度就是管理制度，可以理解为只是从强调控制这个角度对管理制度的另一种说法。任何一个单位的管理制度只能有一套，不可能有一套管理制度还有一套内部控制制度。单位管理制度、风险管理制度、内部控制制度应该是单位的一套制度的不同说法，实质内容是一样的。也就是说，开展内部控制工作中的梳理制度、完善制度是在单位原有制度基础上进行的，而不是另起炉灶、另行制定一套内部控制制度。此外，还需要了解内部控制与合规管理的区别。简单地说，合规就是主体的行为合乎规范、规则，包括合乎法律法规、规范性文件、内部制度、道德规范等，是从企业、单位主体角度出发的一种说法。内部控制不仅要保证主体行为的合规性，还要从控制环境、风险评估、控制活动、信息与沟通、监控等要素方面保证主体行为的有效性、及时性和科学性，是从企业、单位内部整体管理角度出发的一种说法。在管理目标上，合规管理是只要主体行为合法合规就符合目标，而内部控制不仅要达到合法合规的目标，还有提升管理水平、提升效益等目标。同时，合规管理与内部控制虽然在合规性目标上是一致的，但内部控制的范围、内容等要比合规管理更广泛一些。比如，发展战略、人力资源、信息化建设、文化建设等，就不仅仅是合规管理的问题；又如，某单位的内部控制目标是“到20××年基本建成与国家治理体系和治理能力现代化相适应的，权责一致、制衡有效、运行顺畅、执行有力、管理科学的内部控制体系”，这就不仅仅是要求主体行为合规了。

二、内部控制的演变

内部控制是社会经济发展的必然产物，并随着外部竞争的加剧和内部强化管理的需要而不断丰富与发展。以时间为轴，纵观内部控制理论的发展历程，大致经历了内部牵制、内部控制制度、内部控制结构、内部控制整体框架和风险管理框架五个阶段。

（一）内部牵制阶段

在20世纪40年代以前漫长的几千年里，受组织形式、数量、规模和管理理论的影响，内部控制一直以内部牵制的形式出现。内部牵制是指通过职责分工、会计记账、人员轮岗等办法来达到相互制约、相互监督的目的。如通过实物牵制、机械牵制、部门分工、岗位分离、复式记账、复核记录等措施，实现资金、财物、账簿等的分别管理、记录和核对，从而防止差错的发生，以保证财务信息的准确和财产的安全。内部牵制的内容和措施体现了组织控制、职务分离控制的思想，适应了当时经济管控和企业经营管理的需要。

（二）内部控制制度阶段

20世纪40年代到70年代末是内部控制制度阶段。这一阶段的内部控制包括两个要素，即内部会计控制和内部管理控制。随着经济的发展和管理的需求，从20世纪40年代开始，以账户核对和职务分工为主要内容的内部牵制，逐步演变为由组织结构、岗位职责、人员条件、业务处理程序、检查标准和内部审计等要素构成的较为严密的内部控制系统。1949年，美国注册会计师协会的审计委员会对内部控制首次做出了权威性定义：内部控制是指企业所制定的旨在保护资产、保证会计资料可靠性和完整性、提高经营效率、推动管理部门所制定的各项政策得以贯彻执行的组织计划和相互配套的各种方法及措施。从这一定义可见，内部控制已经突破了仅与财会部门直接有关的控制的局限。而该审计委员会在1958年第29号审计程序公报《独立审计人员评价内部控制的范围》中将内部控制分为内部会计控制和内部管理控制两大类，将与财产安全和会计记录的准确性、可靠性有关的方法及程序归为内部会计控制类，将与贯彻经营方针、管理措施、提高效率有关的方法和程序归为内部管理控制类。总的来说，在这一时期，内部控制开始有了内部会计控制和内部管理控制的划分，内部控制的范围更大了，方法也趋于科学与完善。

（三）内部控制结构阶段

20世纪70年代到90年代是内部控制结构阶段。这一阶段的内部控制包括三个要素，即控制环境、会计制度和控制程序。在这一时期，随着经济的发展和企业经营范围的扩大，企业需要对其主要经营业务进行风险控制和评价，经营业务的拓展、提升主要依靠管理人员对产品、市场的判断和决策能力，管理环境对企业的发展起到越来越重要的作用。所以，管理环境被纳入内部控制的考虑范围，并引起内部控制各要素的重新划分与结构整合。1988年，美国注册会计师协会发布的《审计准则公告第55号》以“财务报表审计对内部控制结构的考虑”为题，明确了内部控制包括三个要素——控制环境、会计制度和控制程序，强调了控制环境应包括经营方式、组织结构、董事会职责、管理措施、人力资源政策等制度和程序。由此，控制环境纳入内部控制范围，内部会计控制和内部管理控制两个要素构成的内部控制制度发展为控制环境、会计制度和控制程序三个要素构成的内部控制。

（四）内部控制整体框架阶段

20世纪90年代至2001年是内部控制整体框架阶段。这一阶段的内部控制包括五个要素，即控制环境、风险评估、控制活动、信息与沟通和监控。20世纪80年代，美国的一系列财务报告舞弊和企业破产事件引起人们对内部控制的重新思考。发起人委员会先后发布、完善了《内部控制——整合框架》，其指出：内部控制是一个过程，受企业董事会、管理当局和其他员工影响，旨在保证财务报告可靠性、经营效果和效率，以及对现行法规的遵循。发起人委员会对内部控制提出三个目标、五个构成要素概念，把内部控制细分为经营目标、财务报告目标和合规性目标三个目标以及控制环境、风险评估、控制活动、信息与沟通和监控五个构成要素。

（五）风险管理框架阶段

2001年之后至今是风险管理框架阶段。这一阶段的内部控制包括八个要素，即内部控制环境、目标制定、事件识别、风险评估、风险反应、控制活动、信息与沟通和监控。随着资本市场的发展，各国监管当局为了反财务报告舞弊的需要，积极推动内部控制的规范化、法制化。2002年，美国国会颁布《萨班斯法案》。该法案对美国《1933年证券法》《1934年证券交易法》做出了大幅修订，在公众公司会计改革、投资者保护、公司治理、会计职业监管、证券市场监管等方面做出了许多新的规定，明确公司管理层对公司内部控制进行评估并强制要求披露内部控制报告，对公众公司的披露要求转向实质性管制。2004年，发起人委员会发布了《企业风险管理——总体框架》，提出企业风险管理是企业的董事会、管理层和其他员工共同参与的一个过程，贯穿于企业的发展规划、战略制定、组织机构、经营活动，保证企业经营目标的实现。其中，内部控制包括八个相互关联的组成要素：内部控制环境、目标制定、事项识别、风险评估、风险反应、控制活动、信息与沟通和监控。八个要素体现的是一个动态的过程，是一个有机的系统和整体，并将风险管控作为了内部控制的核心。

三、我国对内部控制的认识

我国对内部控制的系统研究大致开始于20世纪80年代末。然而，与美国不同，我国没有专门研究内部控制的类似于发起人委员会这样的专业组织，有关内部控制的研究主要是由学术界和会计审计职业管理机构进行的。因此，他们的看法基本上能够代表我国对内部控制的认识和理解程度。

我国学术界对于内部控制的理解和概括很不一致。张龙平教授将我国理论界对于内部控制的看法概括为如下三种：第一种是内部控制制度论，认为内部控制是为了保证会计信息可靠、企业的资产安全和完整，以及经营效率的提高所采用的控制制度。这些制度又包括会计控制制度和管理控制制度两部分。第二种是内部控制结构论，认为内部控制包括控制环境、会计系统和控制程序。第三种是内部控制成分论，认为内部控制主要由控制环境、风险评估、控制活动、信息与沟通、监控等五个成分所构成。

王德升、阎金锷教授在其著作《审计学基础》中提出，内部控制制度是一个单位为了保护其资产的完整性，保证会计资料的正确性和可靠性，提高经济效率以及促进贯彻规定的经营方针而在单位内部采用的一系列相互联系、相互制约的制度、方法和手续。

娄尔行教授在其著作《审计学概论》中提出，所谓内部控制制度，就是各级管理部门，为了保护本单位财产安全完整，确保会计及其数据的正确可靠，保证国家财经纪律和本单位所制定的方针、政策的贯彻执行，利用单位内部因分工而产生的相互制约、相互联系的关系，形成一系列具有控制职能的方法、措施、程序，并予以规范化、系统化，使之组成一个严密的控制机制。

总体来看，我国学术界对于内部控制的认识受国外影响较大，有关内部控制内涵的概括和定义同国外的相关内容具有比较高的同质性。

第二节　我国事业单位的基本概况

一、我国事业单位概况

在我国，事业单位是广泛存在的一种社会组织，主要在教育、科技、文化、卫生等领域从事社会服务活动。事业单位有两个特征使它与企业、行政单位、民间组织相区别：一是事业单位不以营利为目的；二是事业单位利用国有资产设立，并面向社会公众提供服务。企业是以营利为目的的社会组织。行政单位虽不以营利为目的，但其是依照宪法和有关法律设置、利用国家赋予的公共管理权力进行国家行政管理、组织经济建设和文化建设、维护社会公共秩序的单位。行政单位有公权力，而事业单位没有；行政单位承担社会治理的职能，而事业单位从事社会服务。由于中国特有的政治体制，部分存在行政单位和事业单位不分家，事业单位承担一些行政职能的问题，一些部门在有的地区是行政单位，但在有的地区又是事业单位，加之行政单位和事业单位在财政管理和财务核算上存在一些共性的要求，所以从政府到老百姓都习惯性地将政府部门统称为行政事业单位，但其实二者有本质区别。非营利组织作为政府、企业之外的“第三部门”，被划分为两大类，即公立非营利组织和民间非营利组织。公立非营利组织通常就是事业单位，会计核算上执行《事业单位会计制度》；民间非营利组织利用非国有资产设立，执行《民间非营利组织会计制度》。

我国事业单位在社会经济生活中扮演重要角色，所涉及的领域十分广泛，数量庞大。据统计，目前全国事业单位总数超过100万个，从业者超过3000万人。事业单位具有服务性、公益性和知识密集性的特征，在不同领域为社会提供各类专业性服务。事业单位主要分布在以下具体领域。

（1）教育事业单位，如幼儿园、小学、中学、普通高校、职业教育单位、成人教育单位、特殊教育单位等。

（2）科技事业单位，如研究院、研究所、科技协会、科技馆等。

（3）文化事业单位，如图书馆、博物馆、文化馆、电视台，部分演出团体、出版社和杂志社等。

（4）卫生事业单位，如医院、防疫站、血液中心、国家卫生健康委员会等。

（5）社会福利事业单位，如福利院、养老院、康复中心、殡仪馆等。

（6）体育事业单位，如体育场、体工大队等。

（7）交通事业单位，如公路养护站、收费站等。

（8）城市公用事业单位，如园林绿化、城市环卫、市政维护管理等单位。

（9）农林牧渔水事业单位，如农技站、检疫中心、水文站等。

（10）信息咨询事业单位，如信息中心、咨询服务中心（站）、价格信息事务所、经济调查队等。

（11）中介服务事业单位，如技术咨询服务中心、人才交流中心、法律援助中心、公证处等。

（12）勘察设计事业单位，如勘察设计院等。

（13）地震测防事业单位，如地震测防、地震预报等单位。

（14）海洋事业单位，如海洋管理、海洋保护等单位。

（15）环境保护事业单位，如环境监测中心、环境保护站等。

（16）检验检测事业单位，如标准计量、技术监督、质量检测、出入境检验检疫等单位。

（17）知识产权事业单位，如专利、商标、版权等单位。

（18）机关后勤服务事业单位及其他类别。

二、事业单位财务管理现状

（一）事业单位财务管理内容

行政事业单位财务管理是指对行政单位和事业单位有关资金的筹集、分配、使用等财务活动所进行的计划、组织、协调、控制等工作的总称。主要包括：科学合理地编制单位预决算，如实反映单位财务状况；加强收支管理，提高资金使用效率；加强国有资产管理，合理配置和有效利用国有资产；建立健全财务制度，规范会计核算，实现财务管理规范化和法制化；加强对行政事业单位经济活动的财务分析和财务监督，防范财务风险，提高管理水平。

目前，我国政府正经历着政府功能向服务型、管理型、绩效型逐步转换的变革，并推出了以公共财政改革为核心，部门预算、政府采购、国库集中支付和国库单一账户制度等财政预算管理体制改革作为配套的一系列重大举措。这些重大举措对行政事业单位的财务管理工作提出了新的要求。

（二）事业单位财务管理的特点

1.经费来源具有无偿性

行政单位包括机关和党派团体，其经费必须是财政无偿分配，而事业单位作为国家职能的具体承担者，它为社会提供的公共服务往往是低价的，有的甚至是免费的，少数事业单位的部分经费能通过社会捐助、非营利服务收费等方式取得，但往往也是收不抵支。因此，在客观上，事业单位完成相关事业任务所需经费必须由国家财政无偿供给。

2.财务管理工作以预算管理为中心

行政事业单位每年的年底年初都要根据自身的职能、事业发展计划和单位工作的任务安排编制单位年度预算，并按规定程序进行审批。预算批复之后，各行政事业单位的预算就成为财政部门管理各行政事业单位财务收支活动的依据。财政部门一方面根据行政事业单位预算向其拨付经费，另一方面通过预算管理将行政事业单位财务收支全部纳入预算，统一核算、统一管理。同样，各行政事业单位预算经有关部门审批后，批复的预算具有法律效力，成为各单位办理财务收支业务、会计核算以及其他财务活动的重要依据。由此可见，预算管理是行政事业单位财务管理工作的中心，提高财务管理工作质量，必须加强预算管理。

3.类型复杂多样

这一特点主要反映在事业单位的种类繁多和类型复杂上。不同性质和种类的事业单位，财务收支状况存在较大的差异，与此相适应，对财务管理的要求也不同。因此，事业单位财务管理工作要在严格执行国家统一的财务制度的前提下，本着实事求是的原则，根据单位的实际情况和需要，研究制定符合事业单位实际的财务管理办法。

三、事业单位分类改革

（一）事业单位的分类

2012年4月，中共中央、国务院《关于分类推进事业单位改革的指导意见》正式发布，新一轮事业单位分类改革拉开了帷幕。长期以来，我国事业单位发展相对滞后，一些事业单位功能定位不清，政事不分、事企不分，机制不活；事业单位社会公益服务供给总量不足，供给方式单一，资源配置不合理，质量和效率不高。因此，事业单位分类改革按照政事分开、事企分开和管办分离的要求，以促进公益事业发展为目的，以科学分类为基础，以深化体制机制改革为核心，实行事业单位分类改革，将现有事业单位划分为三个类别：对承担行政职能的，逐步将其行政职能划归行政机构或转为行政机构；对从事生产经营活动的，逐步将其转为企业；对从事公益服务的，继续将其保留在事业单位序列，并强化其公益属性。其中，根据职责任务、服务对象和资源配置方式等情况，将从事公益服务的事业单位细分为两类：承担义务教育、基础性科研、公共文化、公共卫生及基层的基本医疗服务等基本公益服务，不能或不宜由市场配置资源的，划为公益一类；承担高等教育、非营利医疗等公益服务，可部分由市场配置资源的，划分为公益二类。对公益一类，根据正常业务需要，财政给予经费保障；对公益二类，根据财务收支状况，财政给予经费补助，并通过政府购买服务等方式予以支持。

公益一类事业单位应同时具备以下三个条件：面向社会提供基本公益服务或仅为机关行使职能提供支持和保障；不能或不宜由市场配置资源；不得从事经营活动，其宗旨、业务范围和服务规范由国家确定。主要包括以下几类。

（1）义务教育类：义务教育、特殊教育、党校、行政学院、社会主义学院、公益性宣教（党员电化教育）等单位。

（2）科研类：基础性或社会公益性科研、政策研究、公共科普服务等单位。

（3）文体类：公共图书馆、档案馆、博物馆、纪念馆（烈士陵园）、公共美术馆、科技馆、群众艺术馆、文物考古、文物保护、文献情报、出版物审读、广电信号传输和技术监测、视听节目审查、基层公共文化服务、体育运动项目管理等单位。

（4）卫生类：疾病（疫病）预防控制、健康教育及保健服务、采供血服务、应急救治服务、计划生育服务、政府举办的社区卫生服务、乡镇卫生院等单位。

（5）社会保障类：社会保障经办和公积金管理、社会救助服务、优抚安置服务、社会福利管理、公益性残疾人康复机构、公共就业服务、老龄妇幼服务、婚姻登记、专家服务、慈善服务等单位。

（6）公共安全类：人工影响天气、防汛抗旱防火、灾害防治救援、应急指挥救援、无线电监测、人防指挥保障、信息安全测评、民防安全、重要或应急物资储备等单位。

（7）社会经济服务类：基础测绘和公益性地质调查、经济社会调查、标准质量服务、强制性检验检疫、渔业船舶检验、植物检疫、林业有害生物防治检疫、纤维检验（棉花质量监督）、农机安全监理、食品药品检验检测、地震监测、环境监测、网络监测、气象预测等单位。

（8）行政保障类：地方志和党史、电子政务、政府资金和项目管理、政府采购、财政资金评审支付、招投标管理、举报投诉维权、考试管理、仲裁服务、自然资源保护、水文（水资源）管理、农村经济管理、集体经济管理、种子管理、房屋征收与补偿、涉军服务、统计服务、审计服务、铁路建设管理、政府部门驻外省市联络服务等单位。

（9）行政执法类：能源利用监测、质量监督管理、国土监察、环境监察、安全生产监察、劳动保障监察、农业技术推广服务、城市综合管理、农业监察、林业监察、水利监察、食品药品监察、卫生监督管理、水土保持监督管理、建设工程质量监督管理、核与辐射安全监督等单位。

公益二类事业单位应同时具备以下三个条件：面向社会提供公益服务或主要为机关行使职能提供支持和保障，并可部分由市场配置资源；按照国家确定的公益目标和相关标准开展活动；在确保公益目标的前提下，可依据相关法律法规提供与主业相关的服务，收益的使用按照国家有关规定执行。主要包括以下几类。

（1）教育类：普通高中、普通高校、研究生院、技工技师和职业院校、电大函授及远程教育、幼儿园、少年宫等单位。

（2）科研类：基础应用科研、农林示范基地、种苗良种培育等单位。

（3）文体类：时政类报刊社、电台电视台、国家确定需要扶持的文艺院团、文化宫、公园、体育场馆、体育训练基地等单位。

（4）卫生类：非营利医疗、职业病疗养等单位。

（5）社会经济服务类：公益性信息咨询、公益性水利工程管护、质量监督技术服务、公益性规划、地质勘查、农业种畜服务、票证制作发放、政府确定保留的公益性公证服务、人才交流管理与指导、对外交流促进、彩票发行管理、殡葬服务等单位。

（二）事业单位改革趋势

1.行政管理体制改革

行政管理体制改革是政治体制改革的重要内容，它解决的是行政事业单位的体制问题，每一次行政管理体制改革都会给行政事业单位改单带来巨大的影响。

党的十九大提出，准确把握深化机构和行政体制改革的重点任务，统筹推进各类机构改革，完善国家治理的组织架构。一是统筹考虑各类机构设置，科学配置党政部门及其内设机构权力，明确职责。进一步理顺职责关系，按照改革要求进行调整完善。把各地区各部门各方面意见摸清楚，把机构设置存在的问题弄清楚，综合考虑各方面情况，科学制定改革方案。机构设置要体现符合实际、科学合理、更有效率的要求，做到精干高效。二是统筹使用各类编制资源，形成科学合理的管理体制。坚持机构编制"瘦身"与"健身"相结合，通盘考虑组织机构调整与编制资源配备，创新管理，优化结构，盘活用好各类编制资源。三是完善国家机构组织法。与改革实践相比，我国机构法制建设相对滞后，需要适应依法治国、依法行政的进程，进一步完善国家机构组织法律体系，推进机构组织的科学化、规范化、法制化，通过立法巩固改革成果。

深化简政放权、坚持放管结合，进一步转变政府职能。职能转变是深化行政体制改革的核心。一是加大简政放权力度，深化行政审批制度改革，释放市场发展活力。在前期改革成果基础上，进一步精简各类审批、证照等事项，深入推进精准放权、协同放权，对下放事项要创造条件保障地方和基层接得住、接得好。二是坚持放管结合、放管并举，创新监管方式，强化监管手段，积极探索新型监管模式，着力提高事中事后监管有效性，切实维护公平竞争的市场秩序。三是规范行政行为、优化办事流程，增强政府公信力和执行力，建设人民满意的服务型政府。进一步精简环节，规范行政程序、行为、时限和裁量权，加快实施"互联网+政务服务"，提高政务公开水平，营造稳定、公平、透明、可预期的营商环境。

党的二十大报告指出，转变政府职能，优化政府职责体系和组织结构，推进机构、职能、权限、程序、责任法定化，提高行政效率和公信力。深化事业单位改革。

2.事业单位改革

深化事业单位改革，加快建立中国特色公益服务体系。坚持分类改革方针，推进政事分开、事企分开、管办分离。巩固和深化行政类、经营类事业单位改革成果，理顺公益类事业单位与主管部门的关系，探索政事分开、管办分离的有效实现形式，构建新型政事关系。创新事业单位管理体制和运行机制，增强事业单位活力。瞄准教育、医疗、科研、文化等事业单位管理体制上的重难点问题，探索开展管理体制创新试点，在组织结构、用人制度、财政支持、社会保障等方面拿出有效举措。强化事业单位公益属性，促进公益服务平衡充分发展。着力推动去行政化，破除逐利机制，强化提供公益服务的社会责任。优化事业资源布局结构，鼓励社会力量兴办公益事业，推进基本公共服务均等化。截至2015年下半年，事业单位分类改革基本完成。

对不同分类的事业单位有不同的管理要求。

（1）行政性事业单位。对于行政性事业单位要严格认定标准和范围，从严认定承担行政职能的事业单位。涉及机构编制调整的，不得突破政府机构限额和编制总额，主要通过行政管理体制和政府机构改革中调剂出来的空额逐步解决。对部分承担行政职能的事业单位，要认真梳理职能，将属于政府的职能划归相关行政机构。职能调整后，要重新明确事业单位职责、划定类别，工作任务不足的予以撤销或并入其他事业单位。对完全承担行政职能的事业单位，可调整为相关行政机关的内设机构，确需单独设置行政机构的，要按照精简效能原则设置。已认定为承担行政职能但尚未调整到位的事业单位，在过渡期内继续按照现行法律法规和政策规定履行职责，使用事业编制且只减不增，人事、财务、社会保险等依照国家现行政策规定实施管理。

（2）经营性事业单位。对于经营性事业单位推进转企改制。转制单位要按规定注销事业单位法人，核销事业编制，进行国有资产产权登记和工商登记，并依法与在职职工签订劳动合同，建立或接续社会保险关系。为平稳推进转制工作，可给予过渡期。在过渡期内，对转制单位给予适当保留原有税收等优惠政策，原有正常事业经费继续拨付。在离退休待遇方面，转制前已离退休人员，原国家规定的离退休费待遇标准不变，支付方式和待遇调整按国家有关规定执行；转制前参加工作、转制后退休的人员，基本养老金的计发和调整按照国家有关规定执行，保证离退休人员待遇水平平稳衔接。

（3）公益性事业单位。对丁公益性事业单位则强化公益属性、理顺体制，完善机制。要建立健全制度，充分调动广大工作人员的积极性、主动性、创造性，真正激发事业单位的生机与活力，不断提高公益服务水平和效率，促进公益事业大力发展，切实为人民群众提供更加优质高效的公益服务。改革管理体制，进一步落实事业单位法人自主权，逐步取消行政级别。对不同类型的事业单位实行不同的机构编制管理，科学制定机构编制标准，合理控制总量，着力优化结构，建立动态调整机制，强化监督管理。

面向社会提供公益服务的事业单位，探索建立理事会、董事会、管委会等多种形式的法人治理结构，健全决策、执行和监督机制，提高运行效率，确保公益目标实现。同时深化人事制度改革。以转换用人机制和搞活用人制度为核心，以健全聘用制度和岗位管理制度为重点，建立权责清晰、分类科学、机制灵活、监管有力的事业单位人事管理制度。加快推进职称制度改革。对不同类型的事业单位实行分类人事管理，依据编制管理办法分类设岗，实行公开招聘、竞聘上岗、按岗聘用、合同管理。

深化收入分配制度改革，以完善工资分配激励约束机制为核心，健全符合事业单位特点、体现岗位绩效和分级分类管理要求的工作人员收入分配制度。各地区各部门要根据改革进程，探索对不同类型事业单位实行不同的绩效工资管理办法，分步实施到位。完善事业单位工资正常调整机制；推进社会保险制度改革，完善事业单位及其工作人员参加基本养老、基本医疗、失业、工伤等社会保险政策，逐步建立起资金来源多渠道、保障方式多层次、管理服务社会化的社会保险体系。

加强对事业单位的监督。建立事业单位绩效考评制度，考评结果作为确定预算、负责人奖惩与收入分配等的重要依据。加强审计监督和舆论监督。面向社会提供公益服务的事业单位要建立信息披露制度，重要事项和年度报告要向社会公开，涉及人民群众切身利益的重大公益服务事项要进行社会公示和听证。

（三）政府会计改革

我国现行政府会计核算标准体系基本形成于1998年前后，主要涵盖财政总预算会计、行政单位会计与事业单位会计。前期政府会计领域多项制度并存，体系繁杂、内容交叉、核算口径不一，造成不同部门、单位的会计信息可比性不高，同样业务行政和事业单位的会计标准不同、会计政策不同，影响政府财务报告信息质量。因此，在新的形势下，必须对现行政府会计标准体系进行改革。

1.实施会计体系改革的必要性

党的十八届三中全会提出了建立权责发生制政府综合财务报告制度的重大改革举措，2014年修订的《中华人民共和国预算法》对各级政府提出按年度编制以权责发生制为基础的政府综合财务报告的新要求。2018年又对《中华人民共和国预算法》作出修改，将第八十八条中的“各级政府财政部门监督检查本级各部门及其所属各单位预算的编制、执行”修改为“各级政府财政部门监督本级各部门及其所属各单位预算管理有关工作”。

由于现行政府会计标准体系一般采用收付实现制，主要以提供反映预算收支执行情况的决算报告为目的，无法准确、完整地反映政府资产负债“家底”，以及政府的运行成本等情况，难以满足编制权责发生制政府综合财务报告的信息需求。

2015年以来，财政部按照《权责发生制政府综合财务报告制度改革方案》要求，相继出台了《政府会计准则——基本准则》和存货、投资、固定资产、无形资产、公共基础设施、政府储备物资等政府会计具体准则，以及固定资产准则应用指南，政府会计准则体系建设取得积极进展。

为了加快建立健全政府会计核算标准体系，有必要统一现行各类行政事业单位会计标准，夯实部门和单位编制财务报告的基础，使其全面反映运行成本，并以反映预算真实执行情况为目标，制定适用于各级各类行政事业单位的统一的会计制度。

2.统一会计制度的变化与创新

2017年10月24日，财政部印发了《政府会计制度——行政事业单位会计科目和报表》（财会〔2017〕25号，以下简称《制度》），自2019年1月1日起施行。《制度》继承了多年来我国行政事业单位会计改革的有益经验，反映了当前政府会计改革发展的内在需要和发展方向，相对于现行制度有以下重大变化与创新。

（1）重构了政府会计核算模式。《制度》构建了“财务会计和预算会计适度分离并相互衔接”的会计核算模式。一是“双功能”。在同一会计核算系统中实现财务会计和预算会计双重功能，通过资产、负债、净资产、收入、费用五个要素进行财务会计核算，通过预算收入、预算支出和预算结余三个要素进行预算会计核算。二是“双基础”。财务会计采用权责发生制，预算会计采用收付实现制，国务院另有规定的，依照其规定。三是“双报告”。通过财务会计核算形成财务报告，通过预算会计核算形成决算报告。对纳入部门预算管理的现金收支进行“平行记账”。财务报表与预算会计报表之间存在钩稽关系。

（2）统一了现行各项单位会计制度。《制度》有机整合了以前行政事业单位会计制度的内容。在科目设置、科目和报表项目说明方面，一般情况下，不再区分行政和事业单位；在核算内容方面，基本保留了现行各项制度中的通用业务和事项，同时根据改革需要增加各级各类行政事业单位的共性业务和事项；在会计政策方面，对同类业务尽可能做出同样的处理规定。通过会计制度的统一，大大提高了政府各部门、各单位会计信息的可比性，为合并单位、部门财务报表和逐级汇总编制部门决算奠定了坚实的制度基础。

（3）强化了财务会计功能。《制度》在财务会计核算中全面引入了权责发生制，同时增加了应收款项和应付款项的核算内容，对长期股权投资采用权益法核算，确认自行开发形成的无形资产的成本，要求对固定资产、公共基础设施、保障性住房和无形资产计提折旧或摊销，引入坏账准备等减值概念，确认预计负债、待摊费用和预提费用等。

（4）扩大了政府资产负债核算范围。在资产方面，增加了公共基础设施、政府储备物资、文物文化资产、保障性住房和受托代理资产的核算内容，以全面核算单位控制的各类资产；增加了研发支出科目，以准确反映单位自行开发无形资产的成本；在负债方面，增加了预计负债、受托代理负债等核算内容，以全面反映单位所承担的现时义务。此外，为了准确反映单位资产扣除负债之后的净资产状况，《制度》将净资产按照主要来源分类为累计盈余和专用基金，并根据净资产其他来源设置了权益法调整、无偿调拨净资产等会计科目。

（5）改进了预算会计功能。在核算基础上，预算会计除按《预算法》要求的权责发生制事项外，均采用收付实现制核算。在核算范围上，《制度》将依法纳入部门预算管理的现金收支均纳入预算会计核算范围，如增设了债务预算收入、债务还本支出、投资支出等。

（6）整合了基建会计核算。按照现行制度规定，单位对于基本建设投资的会计核算除遵循相关会计制度规定外，还应当按照国家有关基本建设会计核算的规定单独建账、单独核算，但同时应将基建账相关数据按期并入单位“大账”。

（7）完善了报表体系和结构。《制度》将报表分为预算会计报表和财务报表两大类。预算会计报表由预算收入表、预算结转结余变动表和财政拨款预算收入支出表组成。财务报表由会计报表和附注构成，会计报表由资产负债表、收入费用表、净资产变动表和现金流量表组成，其中，单位可自行选择编制现金流量表。

第三节　事业单位内部控制的内涵

《行政事业单位内部控制规范（试行）》第三条对内部控制做出概念界定：“本规范所称内部控制，是指单位为实现控制目标，通过制定制度、实施措施和执行程序，对经济活动的风险进行防范和管控。”风险“防范和管控”可以理解为具体管理活动。《企业内部控制基本规范》中对内部控制的概念界定为：“由企业董事会、监事会、经理层和全体员工实施的、旨在实现控制目标的过程。”这里显然侧重于内部控制是管理过程。

一、事业单位内部控制的理论基础

（一）委托代理理论

事业单位内部控制建设的理论的必要性主要体现在委托代理理论上。基于信息不对称、不完全契约和利益冲突等原因，委托代理关系往往会带来委托代理问题。委托代理理论主要是从信息不对称条件下契约的形成过程出发，探讨委托人如何以最小的成本去设计一种契约或机制，从而消除信息不对称问题，建立激励约束机制，减少代理人的自利需求，以最大限度增加委托人的效用。委托代理理论涉及的核心问题，可归纳为以下三个方面。

1.解决信息不对称问题

在所有权与经营权“两权”分离的情况下，由于委托、代理双方的目标函数不同，相关信息在双方之间的分布及其获得是不对称、不均匀的，于是便产生了基于委托人与代理人之间的“信息不对称”。掌握信息比较充分的代理人，往往处于比较有利的地位，而信息贫乏的委托人，则处于比较不利的地位。同时，代理人有其自身独立的经济利益，有可能利用信息不对称的存在来损害委托人的权益，实现自身利益最大化。如果委托人对其约束不力，就会产生一些利己损他的“违约”和“败德”行为。

2.建立激励与约束机制

委托人需要通过对代理人进行适当激励或承担，用以约束代理人的越轨活动。缩小与代理人的效用偏差，设计满足代理人参与约束和激励兼容的契约关系以最大化自己的期望效用，即建立有效的激励约束机制，将代理成本控制为最佳水平。

一方面，通过强调目标导向机制，建立“对结果负责”的制度安排，使代理人在实现了委托人的预定目标后得到奖励，促使代理人在追求自身利益的同时实现委托人利益的最大化，有效实现“激励相容”；另一方面，加强对代理人的监督，建立惩罚性机制，消除代理人利用信息不对称问题来为自己谋求合约之外的权利租金的行为。为此，委托人可以通过实现信息透明，加强对代理人的有效监督，明确代理人没有完成目标时应受到的相应惩罚，使代理人能够按照委托人的利益行事，不致采取违规“寻租”活动致使公共资源遭受损失。

3.明确多层委托代理关系

公共事务领域更多地表现为多层委托代理关系。一般情况下，社会公众自身无法直接提供社会发展所需要的公共产品和服务，需要把资金（以税收的方式）委托给政府来经营，由政府以政府预算的形式委托各职能部门来实现，由此形成多层多级、多类型的委托代理关系。根据委托代理理论，政府预算也可视为一种契约，是一种建立在公众、政府及政府内部间的契约关系。一是“公众—人民代表大会—政府”间的委托代理关系，二是“财政部门—其他职能部门”间的委托代理关系，三是部门内部上下级决策者之间的委托代理关系。

多层委托代理关系加大了政府运行成本，中间的委托代理者也就更加容易产生“败德”问题，出现“寻租”“设租”现象，增加了政府提供公共产品和服务的成本，降低了社会效率。因此，需要在制度设计上对代理人的行为进行必要的监督，以进一步讲求公共服务的效果和效率。

根据委托代理理论，公众作为委托人，将财政资金的分配决策权赋予政府。由于信息不对称的问题，委托人对于政府如何提供公共产品和服务，以及相应的项目支出对他们会产生怎样的影响不是完全知情的。同时，作为代理人，他们也是经济人，也会有追求政治前途、自身利益的本能，在管理过程中，容易利用手中的权力谋取私利，降低财政资金使用效率，损害公众利益。在管理过程中引入内部控制制度，及时发现管理过程中出现的各种问题并分析问题产生的原因，采取措施纠正，最大限度地保证财政资金的使用效率，能在一定程度上解决这种委托代理现象所产生的弊端，为委托代理理论提出了一种解决的可能。

（二）系统论

系统是由若干相互关联的要素组成的，它是一个有机整体，与周围环境之间发生一定的关联。现代系统论认为，一个有效的系统具备多种属性，最为关键的是系统的整体性和关联性，也就是说，任何系统都是一个有机整体，它不是系统内每个要素的简单相加或机械组合，而是通过要素间的相互联系和有效协调，共同组成了一个不可分割的整体。体现系统的整体性和关联性的思想，即为系统思想，主要包括以下几点：全面地，而不是局部地看问题；连贯地，而不是孤立地看问题；发展地，而不是静止地看问题；灵活地，而不是呆板地看问题。

内部控制是为了达到既定目标，由一些相互关联的要素构成，并依靠各个要素之间的相互联系、相互作用有机结合起来的一个复杂的系统。就本质而言，内部控制本身也是控制系统，由控制目标、要素、环境等构成。内部控制不是一种静态的制度，也不是一个孤立的过程，而是一个不断发现问题、解决问题的动态循环。系统论的思想贯穿于整个内部控制理论体系之中，成为内部控制的理论渊源。可以借鉴系统论的特征来分析内部控制的特征与要求，如动态性、层次性等。

行政事业单位是一种经济系统，该系统中包含了各种子系统或者分系统，并且各个系统之间相互联系、相互影响。根据系统的观点，从整体的角度出发，全面地设定单位整体内部控制框架，有助于建设完整的单位内部控制，并有效地实施单位内部控制。如果把内部控制系统作为单位的一个子系统，那么内部控制系统的总体目标就需要从单位整体的角度来考虑，同时根据内部控制各个要素性质的不同将总体目标分解到各要素中，形成分目标，最后各个要素的分目标通过相互作用、相互联系，为内部控制系统的总体目标服务。此外，建立完善的内部控制系统，需要把握内部控制的整体性、分清内部控制的层次、充分利用动态的内部控制系统，把内部控制理念贯穿到单位的经营和管理活动当中。

行政事业单位开展内部控制工作，要从系统整体的角度出发，系统分析内部控制系统与控制环境、内部控制系统与各子系统、各子系统之间的相互联系和相互作用。在开展内部控制工作时，选取合适的方法，一方面注意反映内部控制的各个要素是否完整有效，另一方面也要关注内部控制各要素之间的关联关系和逻辑结构。根据系统论，系统并不是孤立存在的，而是与环境相互作用的。如在评价行政事业单位内部控制的过程中，也要注重内部控制的动态调整性。当面临新的环境和风险时，内部控制的相关制度、措施和程序能通过自我评价和监督，发现存在的问题并加以改进，从而持续不断地在经济活动的风险管控中发挥作用。由此可见，内部控制中蕴含着大量的系统理论，这是由内部控制的本质特征决定的。

（三）公共产品理论

公共产品理论是一种关于研究公共事务的新政治经济学理论，它对于正确处理政府与市场关系、构建现代财政体系具有重要意义，推动了公共财政的发展与变革，是指导各国财政实践的重要核心理论。它从公共产品的供求角度给出了行政事业单位内部控制目标实现的制度行为解释。

根据公共产品理论，公共产品具有三个明显的特征：一是效用的不可分割性，如国防、外交、治安等服务；二是收益的非排他性，公共产品不能排除任何人对它的消费，也不会减少其他人由此获得的满足；三是消费的非竞争性。

公共产品理论对我国改革进程及公共财政的发展有很好的解释和借鉴作用。我国长期以来实行计划经济，没有买方市场，大量产品有公共产品的特征，效率低下，阻碍了经济发展。从公共产品提供本身来讲，按照税收等价原则，公共产品是政府收取的“税收价格”对于公共产品的费用支付，这就意味着社会公众作为“消费者”支付了相应的费用，政府就要按照公众“消费者”的需要提供适度、高效的公共产品，而不能违背“消费者”意愿强制推行不适销、不对路的产品。因此，在公共产品的提供上应均衡供求关系，注重公共产品的产出，讲求效果，确保和体现公众“消费者”效用最大化，以满足纳税人的需要，避免无效率的生产。

行政事业单位内部控制作为体现政府职能的重要工具和核心制度，须加强对政府公共产品的成本效益分析，实现对政府提供公共产品成本的约束和管理，提高政府公共产品的供给效率，做到对纳税人支付的等价费用负责，有效减少浪费损失等现象。

（四）“花钱矩阵”理论

诺贝尔经济学奖获得者弗里德曼提出了“花钱矩阵”理论，他认为：“花自己的钱办自己的事，既讲节约又讲效果；花自己的钱办别人的事，只讲节约不讲效果；花别人的钱办自己的事，只讲效果不讲节约；花别人的钱办别人的事，既不讲效果也不讲节约。”

在公共支出活动中，社会公众是公共财政资金的所有者但却不是实际“花钱”者，而是以纳税的形式将财政资金委托给政府部门来提供公共产品和服务，对政府部门而言，可归入“花别人的钱办别人的事”的类别，为避免出现“花钱矩阵”中的最差选择，必须建立和加强政府部门的监督约束机制。通过内部控制制度设计，促使社会公众（委托人）和政府部门（代理人）的利益一致，完成“花钱矩阵”的转化，做到“花钱”与“办事”的主体责任相对应，进而实现成本低、效率高的最优选择。

二、事业单位内部控制的理解

从事业单位的目标、任务和运行机制而言，内部控制应该是为实现控制目标的理念、方法、措施、活动及过程的统称。事业单位内部控制可以从以下几个方面进行理解。

（一）内部控制理念为先

内部控制一定是从防控风险的目的出发而设置的一个管理控制体系，单位做内部控制不是只做给别人看，一定是领导者有风险防范的意识和理念，是高层管理者结合单位发展目标和管理现状而形成的一种必要性判断和需求，具体化而成为一系列特殊的管理控制活动。所以，内部控制一定是理念为先，没有理念支撑的内部控制就像是无源之水，不能持续。

（二）内部控制重在过程

内部控制一定是结合具体的业务过程或管理过程的一个体系，以控制业务活动方向，调整管理活动的力度，保证风险可控以及业务活动和管理活动合理可行。内部控制若仅停留在理念，不深入到过程，不形成和业务相结合的控制流程，一定不是事业单位真正需要的内部控制。

（三）内部控制效在方法

内部控制的方法有很多种，可以选择使用。就像各种各样的工具，不同方法的效能不一样，适用的劳动环境也不一样，应依据工作对象选择好用、效率高的工具。具体的控制环节一定需要匹配合适的控制方法，才能做到有效控制。

（四）内部控制依托制度

现代管理是依托制度的管理。控制是管理的基本职能之一，内部控制实施的背后一定是从防控风险出发，形成独立的或与其他制度相融合的管理制度体系。内部控制的依据一定不仅仅是内部控制手册，手册是对核心控制内容的要求，单位执行的各种各样的制度也是内部控制体系不可或缺的依托。

（五）内部控制需要环境

内部控制的有效性和内部控制实施的环境相关。内部控制环境主要包括组织使命、组织文化、核心价值观、社会责任、发展方针、运营理念和战略目标、领导素质、权限分配、组织架构、人力资源政策等。庄稼需要好的土壤才能生长和收获，好的内部控制一定要匹配适应的内部控制环境才能有效发挥作用。所以，内部控制设计要考虑内部控制环境的影响，内部控制实施需要不断优化内部控制环境，提升内部控制和环境的匹配度。

三、事业单位实施内部控制的意义

事业单位的经济来源主要是依靠财政拨款，而管理社会公共事务主要是通过行使其行政管理权力来实现。无偿为人民群众提供公共服务、满足社会共同发展的需求，只需要保持收支平衡而不需要以创造收益为主。通过提供公共产品服务社会，其经济利益直接受益者是社会公众。由此可看出，事业单位的运营目标是追求社会价值最大化，兼顾公平和效率，保证公共资金使用的安全性和效率性，实现公共服务的效率和效果。与企业相比，作为公共部门的事业单位更加关注社会公共服务的效率和效果，而非经济效益最大化。

财政部颁布的《行政事业单位内部控制规范（试行）》是以预算管理为主线、以资金管控为核心，从单位层面与业务层面同时进行评估，合理保证单位经济活动合法合规、资产安全和使用有效、财务信息真实完整、有效防范舞弊和预防腐败、提高公共服务的效率和效果。它对于各级政府部门和行政事业单位“把权力关进制度的笼子里”“用制度管权、管钱、管人”都有着重要的现实意义与深远的历史意义。

（一）内部控制是建设廉洁高效、人民满意的服务型政府的需要

什么是人民满意的服务型政府？简单说就是为人民服务，一切从人民的利益出发，提供优质高效的服务。事业单位内部控制将提高公共服务的效率和效果作为内部控制的最高目标，就是基于为人民服务的目的。内部控制通过管理和业务流程再造，确定规范的工作流程，极大方便为人民服务；通过对流程风险的查找，提前采取有效的防范措施控制风险，从而达到提供优质高效服务的目标。

内部控制是依法治国的重要组成部分，是法治的基础之一。我们把依法治国的成果称为“国法”，将行政事业单位内部控制制度视为“家规”。家规应当是法治体制的有机组成和必要的补充，必须接好地气，能够有效适用于单位的内部管理工作。

内部控制是关住权力的“笼子”的重要基础性制度。规矩是天下纲纪，振之则举，弛则尽废。没有政治规矩、经济规矩不行。内部控制是新形势下预防腐败行为的有力助手，实施内部控制就是关住权力的“笼子”，形成不能腐的防范机制、不易腐的保障机制。内部控制制度和廉政风险防控机制理论上同出一脉，机制上互为补充，实施过程中形成新合力。廉政风险防控机制就是依据风险防控理论，把有效防范舞弊和预防腐败作为工作目标。内部控制和廉政风险防控的核心手段都是制衡，对不相容岗位进行分离，对决策、执行和监督进行分离，不允许一个人办理全部管理事项。廉政风险防控机制管控的重点是人，即关注有权力的人，通过关注有权力的人，达到防控风险的目的，用制度约束和制约人的私念、贪欲和懒惰。内部控制管控的重点是预算资金、公共资产、公共资源，管住政府的钱，通过规范预算资金的使用强化公共资产的管理责任，合理节约使用公共资源，达到有效防范舞弊和预防腐败的目的。

（二）内部控制是贯彻预算法的根本保障

预算法是我国的经济宪法，事业单位内部控制是以预算为主线，以资金管控为中心，实际上就是树立“花钱”的规则。“花钱必问效，无效必问责。”公共资金不是“唐僧肉”，绝对不能贪污和浪费。基层单位只有遵守党中央制定的政治规则，同时也必须遵守预算花钱的规则，履行好党和国家赋予的职责，才是与党中央保持高度一致的具体行为。预算法要求遵循先有预算、后有支出的原则，严格预算执行，严控超预算或无预算安排支出；严禁虚列支出、转移或者套取预算，坚决惩治脱离法律监督的资金使用和“小金库”行为；坚决贯彻“预算公开”要求，规范预算编制、审批、执行、决算、绩效考核，接受社会监督；预算使用中必须贯彻勤俭节约的原则，加强监督检查，避免预算资金的浪费现象。内部控制就是“以预算管理为主线，以资金管控为核心”的新型管理模式，只有建立了有效的内部控制管理体系，严格执行内部控制流程，才能保证预算法的实施效果。

（三）内部控制是党的群众路线教育实践活动的整改结果

群众路线是我们党的生命线和根本工作路线。党内脱离群众的现象集中表现在“四风”问题上。“四风”之害，也是资金使用不遵守规矩的结果。搞好内部控制制度建设，立好政府资金使用的规矩，有效防范经济活动中的舞弊行为，控制资金使用中的浪费现象，就是有效的整改成果。《党政机关厉行节约反对浪费条例》严格执行标准、规范使用流程、完善报销手续，内部控制是《党政机关厉行节约反对浪费条例》落地的措施。

（四）内部控制是提高单位内部管理水平的有效方法

内部控制是内部管理的新模式和新方法。建立有效的内部控制能防范和控制管理风险，提高单位内部管理水平。近年来，行政事业单位管理水平和经济活动的合规合法性总体不断提升，但仍存在以下突出问题：内部控制意识淡薄、内部控制制度不健全、业务管理岗位设置不科学、资产管理弱化、费用支出缺乏有效控制、监督检查力度不够等。

事业单位在组织结构、职责范围、机构设置、人员任用、经济活动等方面均要遵循国家法律法规和管理制度的规定，内部控制并非对行政事业单位全面活动的风险进行防范和管控，而是定位于对经济活动的风险防控，特点是重点突出、针对性强。事业单位的经济活动主要包括预算、收支、政府采购、资产管理、项目建设、债务管理、经济合同的订立执行等方面，单位应当按照内部控制要求，在主要负责人的直接领导下，建立适合本单位实际情况的内部控制体系，全面梳理业务流程，明确业务环节，分析风险隐患，完善风险评估机制，制定风险应对策略，有效运用不相容岗位相互分离、内部授权审批控制、归口管理、预算控制、财产保护控制、会计控制、单据控制、信息内部公开等内部控制基本方法，加强对单位层面和业务层面的内部控制，实现内部控制体系全面、有效实施。

分事行权、分岗设权、分级授权和定期轮岗，是制约权力运行、加强内部控制的基本要求和有效措施。单位应当根据自身的业务性质、业务范围、管理架构，按照决策、执行、监督相互分离、相互制衡的要求，科学设置内设机构、管理层级、岗位职责权限、权力运行规程，切实做到分事行权、分岗设权、分级授权，并定期轮岗。单位要将内部监督、自我评价与干部考核、追责问责结合起来，并将内部监督、自我评价结果采取适当的方式予以内部公开，强化自我监督、自我约束的自觉性，促进自我监督、自我约束机制的不断完善。

内部控制是保障组织权力规范有序、科学高效运行的有效手段，也是组织目标实现的长效保障机制。法定的或授予的公共权力的行政事业单位效率不高，会在一定程度上降低整个社会的效率，建立完善的内部控制体系，简化办事程序，是加强行政事业单位职能运行能力、提高运行效率的重要措施。事业单位对国有资产承担着管理和使用的职责，一定要有一套严密的制约机制，杜绝人情交易和暗箱操作，让交易在阳光下进行，杜绝低价、违规处置，防止国有资产流失。外部监管力量有限，很难做到时时和全面的监督，关键还是要自己建立一套科学合理的控制制度，制定刚性标准，节约不必要的开支，节约行政管理成本。

完善的内部控制体系，可以大大减少行政体制上的漏洞，降低贪污受贿的概率，从侧面也保护了领导干部。事业单位加强内部控制，不仅可以规范单位的管理，促进各项工作的顺利开展，保护各类资产的安全性和完整性，也能促进事业单位不断发展和保持职能正常高效运行，实现社会效益的最大化。

第二章 事业单位内部控制规范体系

单位内部控制工作是在一定规范体系下采取一系列控制方法的一项工作。在单位内部控制规范体系方面，至少应由以下三部分组成：一是单位内部控制“程序性”规范体系，包括财政部等部门发布的单位内部控制规范、指南、政策等；二是单位内部控制“实体性”规范体系，包括国家法律法规、部门规章、规范性文件等法规，国家重大政策，决策部署等；三是单位内部控制制度体系，即单位遵循“实体性”规范和“程序性”规范、结合单位实际情况制定的单位内部制度体系。三者相辅相成、有机结合，通过“程序性”规范将“实体性”规范贯彻到单位内部控制制度体系中并落到实处，实现内部控制的管控目标。在单位内部控制方法方面，单位内部控制工作涉及内部控制环境建设、制度与业务流程梳理、风险评估与应对、监督与评价、制度执行等环节，各环节之间存在着内在的逻辑联系，并在内部控制规范框架体系下由各种工作步骤、控制方法联系着。在单位内部控制“程序性”规范体系效力方面，《行政事业单位内部控制规范（试行）》等制度、文件是以财政部规范性文件印发的，不是针对某一具体事务、事项的行政性文件，而是在一定时间内相对稳定、能够反复适用的行政规范文件，具有行政法法源地位，应当得到普遍遵守与一体执行。

第一节 单位内部控制规范体系

单位内部控制规范体系至少应由三部分组成：一是单位内部控制“程序性”规范体系，包括财政部等部门发布的单位内部控制规范、指南、政策等组成的关于“谁来做”“做什么”“如何做”等方面的制度体系，主要是单位开展内部控制工作应遵循的程序方面的规范，是内部控制工作的“行为法”“组织法”。从定义上，内部控制“程序性”规范体系是指单位为了实现其管控目标而在单位内部采取的自我调整、约束、规划、评价和控制的一系列方法、手段与措施的总称。从性质上来讲，这一体系具有法律属性，是在一定时间内相对稳定、能够反复适用的行政规范文件，具有行政法法源地位，应当得到普遍遵守与一体执行。二是单位内部控制“实体性”规范体系，包括国家法律法规、部门规章、规范性文件等法规，国家重大政策，决策部署，这是内部控制工作依据的“实体法”，是各个单位必须遵循的法律法规和贯彻落实的方针政策。三是单位内部控制制度体系，是指单位遵循“实体性”规范和“程序性”规范、结合单位实际情况制定的单位内部制度体系。三者相辅相成、有机结合。当然这种分类不是很严谨，只是为了方便讨论、便于行文的需要而做出的简单划分。

一、单位内部控制“程序性”规范体系

（一）单位内部控制“程序性”规范体系的形成

除单位内部控制“实体性”规范体系外，其“程序性”规范体系经历了从无

到有、逐步建立和完善的过程。基于促进法治政府建设、促进单位治理现代化的需要，单位内部控制借鉴了企业内部控制的理论体系、原理方法，财政部在单位引入了内部控制，发布了《行政事业单位内部控制规范（试行）》等内部控制规范、制度。这些规范、制度从基本规范、理念指导、基础性评价、年度报告等方面构成了单位内部控制工作的“程序性”规范体系。在这一制度体系中，提供与明确了内部控制工作的组织、行为、方法体系。这一制度体系，既是企业内部控制理论的创新和发展，也是单位管理的重大制度创新和实践创新。

长期以来，我国一直重视企业内部控制工作，国家有关部门根据管理工作需要不断推进内部控制工作。1996年，财政部制定发布了《会计基础工作规范》，提出了内部控制要求；1997年，中国人民银行发布了《加强金融机构内部控制的指导原则》，对金融机构健全内部控制机制、防范金融风险、稳健经营、建立风险评估和监测制度等内部控制工作作出了规定；1999年修订的《中华人民共和国会计法》第一次以法律的形式规定了对建立健全内部控制的原则要求，要求要保证会计资料真实、完整，加强经济管理和财务管理，提高经济效益；2001—2003年，财政部陆续发布了一系列内部会计控制规范，审计署、国务院国资委、证监会、银监会、保监会、证券交易所等部门从不同角度对内部控制提出明确要求；2001年，证监会发布了《证券公司内部控制指引》，对完善证券公司内部控制机制、增强自我约束能力、防范与化解风险等内部控制工作提出了指引；2006年6月，国务院国资委发布了《中央企业全面风险管理指引》，对央企建立全面风险管理体系作出了安排。

在我国，全面推行企业内部控制始于2008年6月28日财政部、证监会、审计署等五部门联合发布的《企业内部控制基本规范》，该规范于2009年7月1日起首先在上市公司范围内施行，并鼓励非上市公司的大中型企业执行；2010年4月，上述五部门又联合发布了《企业内部控制应用指引》《企业内部控制评价指引》《企业内部控制审计指引》。至此，企业内部控制构成了一个完整的规范体系，全面规范、指导、评价、监督企业内部控制工作。其中，《企业内部控制应用指引》指引企业按照内部控制的原则、方法、体系建立健全本企业内部控制体系，在内部控制规范体系中占主导地位；《企业内部控制评价指引》指引企业管理层对本企业内部控制体系的完整性、系统性、有效性进行自我评价；《企业内部控制审计指引》指引会计审计机构的内部控制审计业务。三者之间既相互独立，又相互联系，从内部控制体系建设、自我评价、外部监督等方面形成了一个有机整体。

在企业内部控制规范体系和实践经验的基础上，自2010年开始，财政部立项研究单位内部控制工作。通过开展基础理论研究、深入基层单位调研、系统总结试点经验、向社会公开征求意见及案例佐证、专家集中论证等方法，将内部控制引入单位治理现代化战略中，于2012年11月29日正式发布了《行政事业单位内部控制规范（试行）》（财会〔2012〕21号），从2014年1月1日起在我国单位范围内全面实施。

在此基础上，财政部于2015年12月21日印发了《关于全面推进行政事业单位内部控制建设的指导意见》（财会〔2015〕24号），要求全面推进行政事业单位内部控制建设，要求2016年年底前完成内部控制体系的建设和运行。根据该指导意见的要求，财政部于2016年6月24日印发通知，开展单位内部控制基础性评价工作，以量化评价为导向，进一步指导和促进各单位有效开展内部控制建立与实施工作。2017年1月25日，财政部印发《行政事业单位内部控制报告管理制度（试行）》，在全国范围内组织开展单位内部控制报告编报工作，要求行政事业单位在年度终了，按照规定编制能够综合反映本单位内部控制建立与实施情况的总结性文件。至此，以完善治理体系、提升治理能力、防范与控制风险为目的，从基本规范、原则理念、自我评价、审计监督、年度报告等方面初步形成了单位内部控制规范体系。

（二）单位内部控制"程序性"规范体系的内容

《行政事业单位内部控制规范（试行）》为"程序性"规范体系主体制度，规定了内部控制基本原理和实际应用指南，《关于全面推进行政事业单位内部控制建设的指导意见》强化了理念指导，《行政事业单位内部控制报告管理制度

（试行）》加强了监督检查。

《行政事业单位内部控制规范（试行）》等规范、政策提供了单位内部控制工作的工作原则、控制目标、工作步骤与路径方法以及建立长效机制的年度报告制度，规定了“做什么”“谁来做”“如何做”“如何做好”等事项，是内部控制工作的“行为法”“组织法”，是内部控制“程序性”规范体系内容。《行政事业单位内部控制规范（试行）》的总则部分规定了内部控制工作的四项原则：一是全面性原则，内部控制应当贯穿单位经济活动的决策、执行和监督全过程，实现对经济活动的全面控制；二是重要性原则，在全面控制的基础上，单位应当关注重要经济活动及其可能产生的重大风险；三是制衡性原则，单位应当在岗位设置、职责分工、业务流程等方面形成相互制约和相互监督的工作机制；四是适应性原则，内部控制应当符合国家有关法律法规和单位实际情况，并随着外部环境变化、经济活动特点和管理要求提高，不断修订和完善。此外，还规定了内部控制工作要实现合理保证单位经济活动合法合规、资产安全和使用有效、财务信息真实完整、有效防范舞弊和预防腐败、提高公共服务的效率和效果五个目标。应用部分从风险评估、单位层面、业务层面、评价与监督方面规定了内部控制的工作步骤与路径方法，包括基础性评价、风险评估和控制方法、单位层面与业务层面控制、评价与监督等内容。为完成上述工作内容可采取的工作步骤为：在基础性评价的基础上，按照规范的步骤与方法开展风险评估，然后按照梳理单位各类经济活动的业务流程、明确业务环节、系统分析经济活动风险、确定风险点、选择风险应对策略、建立健全单位各项内部管理制度、督促相关工作人员认真执行等步骤组织工作。可采取的控制方法为：不相容岗位相互分离、内部授权审批控制、归口管理、预算控制、财产保护控制、会计控制、单据控制、信息内部公开等。

上述原则、目标、步骤、方法应根据需要应用于单位层面和业务层面的各个环节，包括组织架构、工作机制、关键岗位、人力资源、财务信息、信息化建设以及预算、收支、采购、资产、合同、工程项目等，查遗补漏，优化完善。一是在单位层面，要围绕经济活动管控，确定合规目标、财务目标、资产目标、防腐目标和效率效能目标，围绕“做什么”，明确经济活动管理模式，如单位有哪些经济活动，采用集权还是分权模式等；围绕“谁来做”，从组织、岗位、职责等方面界定职责及管控模式。二是在业务层面，围绕“如何做”，在预算、收入、支出、采购、合同、项目、资产各业务领域，通过制度界定工作范围及协作关系，通过流程明确工作步骤及权限划分，通过标准界定业务规则目标。三是围绕“如何做好”，通过一系列工具、方法和信息化建设，将制度、流程、标准及工具、方法固化到系统内，以保障管控的有效和工作的效率。四是通过评价、风险评估、审计、监督等措施，对内部控制开展情况及时纠偏和优化。

党的十八届四中全会通过《中共中央关于全面推进依法治国若干重大问题的决定》后，2015年财政部发布了《关于全面推进行政事业单位内部控制建设的指导意见》（财会〔2015〕24号），对单位内部控制在指导思想、基本原则、目标任务、保障措施等方面提出了指导意见，指出内部控制工作是适应全面依法治国、国家治理现代化战略的重要举措，在内部控制理念、目标、作用等方面是《行政事业单位内部控制规范（试行）》的重要补充，是内部控制工作规范体系的重要组成部分。首先，其明确并强调了内部控制工作的指导思想和理念，指出内部控制是保障组织权力规范有序、科学高效运行的有效手段，也是组织目标实现的长效保障机制，是为实现国家治理体系和治理能力现代化奠定坚实基础、提供有力支撑。这从依法治国、国家治理现代化的高度指出了内部控制工作的重要意义和重要作用，是单位内部控制工作的思想指导和理念指导。其次，其明确并强调了内部控制工作的“四项基本原则”。立足于全面推进行政事业单位内部控制建设，规范单位内部经济和业务活动，强化对内部权力运行的制约，防止内部权力滥用，建立健全科学高效的制约和监督体系，促进单位公共服务效能和内部治理水平不断提高，明确了内部控制工作坚持全面推进、坚持科学规划、坚持问题导向、坚持共同治理“四项基本原则”。最后，其明确并强调了内部控制工作的总体目标和主要任务。通过健全内部控制体系，强化内部流程控制，加强内部权力制衡，规范内部权力运行，建立内部控制报告制度，促进内部控制信息公开，加强监督检查工作，加大考评问责力度，加强组织领导等各项工作和保障措施，实现“到2020年，基本建成与国家治理体系和治理能力现代化相适应的，权责一致、制衡有效、运行顺畅、执行有力、管理科学的内部控制体系”的总体目标。

《行政事业单位内部控制报告管理制度（试行）》的重要意义在于通过年度内部控制报告的编制与报送，将内部控制工作日常化、常态化，是对各单位内部控制工作监督检查和评价的措施，是单位内部控制规范体系的重要支撑制度。通过明确内部控制报告责任主体、编报工作方式、组织实施、内部控制报告使用、内部控制报告监督检查等措施，明确各主体职责，逐级压实责任，重点检查稽核，促进内部控制政策落地。该制度要求所有单位包括各级党的机关、人大机关、行政机关、政协机关、审判机关、检察机关、各民主党派机关、人民团体和事业单位，在年度终了根据本单位当年内部控制建设工作的实际情况及取得的成效，以能够反映内部控制工作基本事实的相关材料为支撑，按照财政部发布的统一报告格式编制内部控制报告，总结本单位内部控制建立与实施情况。这有助于进一步推进单位内部控制建设，有助于监督检查《行政事业单位内部控制规范（试行）》《关于全面推进行政事业单位内部控制建设的指导意见》的落实情况，有助于各单位对照内部控制报告内容要求，自查自评本单位内部控制工作情况。

上述内部控制规范、指导意见、内部控制报告制度等文件基本涵盖了单位开展内部控制工作的主体、目标、责任、原则、方法、步骤、监督等内容，规定了单位如何通过制定制度、实施措施、执行程序实现对经济活动进行管控的目标，为单位内部控制工作指明了方向，明确了任务，从组织、行为等方面提供了单位内部控制工作的指南。国家部委、地方人民政府结合工作需要相继制定了管辖领域的内部控制政策，指导本部门、本地区的单位内部控制工作。需要说明的是，单位内部控制工作应当与单位实际工作相结合，而不仅仅依靠现有或有限的规范要求去做，或者受现有规范的制约而影响有些经济业务活动的管控，要结合单位性质、业务特点、实际管控需要形成本单位内部控制工作的总体框架、路线图和方法论。

与企业内部控制规范体系相比较，单位内部控制规范体系的系统性、全面性还有待于进一步完善。单位内部控制规范还处于“试行”阶段，有必要根据单位内部控制工作的实践经验和管理需要予以修订和完善；还没有系统制定单位内部控制评价指引和审计指引，有必要根据单位的业务特点和管理需要予以制定和完善；近几年随着依法治国和国家治理现代化进程的推进，新的政策不断出台，比如，全面预算与绩效管理、政府会计制度改革、党政同审等要求与内部控制工作紧密相关，有必要根据治理和发展的需要对内部控制规范体系予以不断完善；同时，在规范效力等级上还需要进一步提升等。

二、单位内部控制“实体性”规范体系

单位内部控制“实体性”规范体系，一是法律类，包括宪法、法律、行政法规、地方性法规、自治法规、行政规章、特别行政区法、国际条约等；二是政策类，主要体现为中央政策；三是本单位内部控制制度类。

（一）法律类

宪法是由国家最高权力机关经由特殊程序制定和修改的，综合性地规定国家、社会和公民生活的根本问题的具有最高法的效力的一种法。法律是由全国人民代表大会及其常委会依法制定和变动的，规定和调整国家、社会和公民生活中某一方面带根本性的社会关系或基本问题的一种法。法律是行政法规、地方性法规和行政规章的立法依据或基础。行政法规是由最高国家行政机关国务院依法制定和变动的，有关行政管理和管理行政事项的规范性法律文件的总称。其效力低于宪法、法律，而高于一般地方性法规。地方性法规是由特定的地方国家机关依法制定和变动的，效力不超出本行政区域范围，作为地方司法依据之一，具有基础作用的规范性法律文件的总称。其效力低于宪法、法律、行政法规，但又是具有不可或缺作用的基础性法。自治法规是由民族自治地方的权力机关所制定的特殊的地方规范性法律文件，即自治条例和单行条例的总称。其效力低于宪法、法

律，是民族自治地方的司法依据。行政规章是由有关行政机关依法制定的事关行政管理的规范性法律文件的总称，分为部门规章和政府规章两种。部门规章是国务院所属部委根据法律和国务院行政法规、决定、命令，在本部门的权限内，所发布的各种行政性的规范性法律文件，亦称部委规章。其地位低于宪法、法律、行政法规，不得与它们相抵触。政府规章是有权制定地方性法规的地方人民政府根据法律、行政法规制定的规范性法律文件，亦称地方政府规章。政府规章除不得与宪法、法律、行政法规相抵触外，还不得与上级和同级地方性法规相抵触。

（二）政策类

政策是指党的政策，是中共中央为实现一定的政治、经济、文化目标，通过一定的程序制定的行动方针和行为准则，其表现形式包括方针、路线、战略、规划、规章、条例、决定、办法等，比如历届中共中央委员会作出的重大决定。

（三）本单位内部控制制度类

这是由本单位有权机构在法律法规、政策框架体系内按照一定的程序、权限制定的本单位的制度体系。在内部控制工作中一般体现为单位内部控制手册。

第二节　事业单位内部控制方法体系

事业单位内部控制方法体系是开展内部控制工作的阶段、步骤、控制方法的总称。内部控制工作包括内部控制环境建设、制度与业务流程梳理、风险评估与应对、制度执行、监督与评价等环节，各环节之间存在着内在的逻辑联系，并在内部控制规范框架体系下由各种工作步骤、控制方法联系着。内部控制工作的有效开展与取得成效，需要正确理解各环节的内在联系，需要厘清内部控制工作思路，明确内部控制工作的阶段、工作步骤和采取的控制方法。

一、事业单位内部控制建设工作阶段

内部控制建设是内部控制工作的起点和开端，就是通过内部控制环境建设、制度与流程梳理、制度完善与流程再造、流程持续优化与完善等阶段的工作对经济活动的风险进行防范和管控。在基础性评价基础上，内部控制建设工作从大的方面可分为以下四个阶段。

（一）内部控制环境建设阶段

内部控制环境是指单位内部控制存在和发展的空间，是实施内部控制的基础，直接影响、制约着内部控制的建立和执行，主要包括发展规划、组织架构、运行机制、关键岗位与人员、会计及信息系统等方面。单位开展内部控制工作，需要积极关注内部控制环境建设，做好体制机制配套改革。

做好内部控制建设工作，首先，要加强组织领导，成立单位负责人任组长的单位内部控制工作领导小组，确定内部控制牵头部门和专门人员，负责制定内部控制建设实施方案，召开单位内部控制建设启动会，组织开展内部控制建设实务培训宣贯工作。其次，要根据单位内部控制规范和政策，有计划、分阶段、有步骤、有方法地组织、协调、推进内部控制工作。最后，要将内部控制工作纳入单位日常工作计划，常抓不懈，建立和完善内部控制工作长效机制。

单位应高度重视内部控制环境建设，从完善治理体系、提高治理能力的角度出发，统筹规划、改革创新，通过对单位管理模式、治理结构、行政架构和业务流程等的梳理与完善，为内部控制建设工作创造良好环境，避免重流程优化、轻环境建设现象的发生，防止因部门职责、岗位设置等方面的原因，致使内部控制工作开展不力或者流于形式。

（二）制度及流程梳理阶段

在这一阶段，要重点关注风险。首先，要收集整理单位管理制度、经济业务管理制度、有关法律法规和政策，访谈有关部门和关键岗位，梳理制度体系、业务环节和业务流程，寻找、发现与确认制度漏洞、经济活动管控的风险点，梳理经济活动管控风险清单。其次，要关注重点领域、重点环节的风险点。规范内部权力运行、防范风险发生是单位内部控制建设工作的基本目的，或者说，内部控制建设工作的核心在于建立一套有效的内部控制机制来防范风险。风险梳理、风险评估、风险应对、风险控制是内部控制重要性原则的要求，要对重点领域、重点环节可能存在的风险进行梳理、评估、预防和控制。

在制度及流程梳理阶段要有风险意识和问题意识，应当承认并重视存在的问题和面临的风险，承认并重视在发展规划、治理结构、运行机制、关键领域等方面可能存在的诸多问题和风险，有些是已经发生的，有些或许正在发生。既要关注如廉政风险、突发事件等“黑天鹅”事件，更要重视如制度缺陷、干部队伍能力不足、精神懈怠等“灰犀牛”事件，要目光长远、未雨绸缪，准确预测看似遥远或不可能发生的风险，不断优化治理结构、运行机制和执行流程。关注风险还要坚持底线思维，树立不能踩“红线”、越“底线”、闯“雷区”的意识，要以积极的态度研判风险、防患于未然。在既有框架之下难以阻止的问题和风险，必须诉诸制度完善、治理结构和运行机制的优化，牢牢把握预防风险的主动权。

（三）制度完善与流程再造阶段

在做好内部控制环境建设、制度及流程梳理的基础上，需要将完善制度作为内部控制建设工作的前提去梳理和完善，并将单位的理念、战略、价值追求等植入制度之中，形成按制度办事、以制度统领工作的法治治理方式。同时，要遵循行政法律法规“法无授权不可为”等基本原则，在法律的框架内梳理与完善单位制度，以健全有效的制度体系保障权力运行，防止任性而为。

在这一阶段，针对经济活动管理的薄弱环节，厘清部门职责边界和关键岗位职责，专题讨论、评估管控措施的合规性、合理性、有效性，优化管控措施和岗位流程，完善相关制度和业务流程，建立健全内部控制管理制度及细则，将完善、设计后的制度、流程、表单等文档形成内部控制手册，作为单位内部控制工作指引。其中，内部控制制度是单位内部管理规章制度的修订、完善与整合。在完善过程中，一是立足于现有内部管理制度，二是遵循法规政策，三是适应本单位内在管理需要。可根据本单位实际情况，将经济活动管控流程嵌入单位信息系统中，通过流程再造，形成“管理制度化、制度流程化、流程职责化、职责岗位化、岗位表单化、表单信息化”的内部控制体系。

法律是治国之重器，良法是善治之前提。治理现代化是建立在法治基础上的现代化，在治理现代化进程中，能否按照法治规则推进治理是重要标准。对于单位内部控制工作来讲，遵循法治规则首要的是完善本单位内部控制制度。只有完善的制度建设，才能明确内部控制工作所涉及的权力运行、部门职责、业务流程、监督检查等工作内容的边界。作为一种保障单位工作运行的基本方式，制度具有可预期性、可操作性、可救济性等特点，可以通过制度建设来统一思想、凝聚共识，平衡、协调不同部门、上下环节的不同利益诉求，求同存异，提升效能和效率。

（四）流程持续优化与完善阶段

工作流程是内部控制工作运行的“渠道”，“渠道”是否平滑、顺畅决定着制度执行、风险防控措施实施、业务办理的效率和效果。如果“渠道”岔道、转弯、拐角、坑洼多，必然影响着各项工作的运行效率和效果。平滑、顺畅的“渠道”支撑着内部控制工作的顺利进行，所以需要对流程持续优化与完善。

流程的持续优化与完善需要遵循适应性原则，适应政策环境、法律环境等外部环境的变化和单位职能、经济业务、流程变更等内部管理变化的实际需要，关注法律法规、政策规定的变化，及时修订单位内部控制管理制度，持续优化岗位职责和业务流程，确保内部控制体系符合政策法规和单位管理需要。流程优化与完善应与制度建设、风险防控紧密结合，在制度完善与梳理、风险评估与应对过程中要考虑流程的修改与再造，同时与信息化建设相结合，通过信息化固化流程，减少人为因素的影响。

二、事业单位内部控制建设工作步骤

《行政事业单位内部控制规范（试行）》规定："单位应当根据本规范建立适合本单位实际情况的内部控制体系，并组织实施。具体工作包括梳理单位各类经济活动的业务流程，明确业务环节，系统分析经济活动风险，确定风险点，选择风险应对策略，在此基础上根据国家有关规定建立健全单位各项内部管理制度并督促相关工作人员认真执行。"根据这一规定，内部控制建设工作的步骤有以下七个方面。

（一）梳理单位各类经济活动的业务流程

梳理各类经济活动的业务流程是单位内部控制建设工作的起点。业务流程离不开单位层面，这一步骤既包括单位层面也包括业务层面。一是梳理单位层面的决策机制、议事规则、组织机构设置、部门职责界定、岗位职责流程等是否合规、有效并适应经济业务工作的实际需要；二是梳理业务层面的各项业务流程是否合规、有效并适应各项业务工作的需要，结合各项业务特点进行总结和归纳，明确各项业务的目标、范围和内容。

通过组织相关人员包括邀请外部专家对单位层面的制度和预算业务、收支业务、政府采购业务、资产管理、建设项目管理、合同管理等构成经济活动的各项业务的制度与流程进行调研、论证，对梳理情况形成报告。

（二）明确业务环节

各类经济活动的业务流程往往需要划分为若干个业务环节。为了明确岗位职责和保证业务工作的有序开展，将业务流程分解为多个环节，并对业务环节在不同部门、机构之间的职责和分工进行明确。

按照业务实现的时间顺序和逻辑顺序，将各个业务中的决策机制、执行机制和监督机制融入业务流程中的每个业务环节，细化业务流程中各个环节的部门和岗位设置，明确其职责范围和分工。比如，预算业务按照预算的时间顺序和逻辑关系可以分为预算编审、预算批复、预算执行、决算和绩效考评等主要业务环节，并在各个业务环节中确定预算业务管理决策机构、预算业务管理工作机构和预算业务管理执行机构的职责与分工。

（三）系统分析经济活动风险

在梳理业务流程和明确业务环节的基础上，对业务活动的内部和外部风险进行分析、识别、评估。风险分析要包含单位的各个业务活动和每个业务的各个环节，要具有全面性和系统性。

风险分析要从各个业务所面临的内外部环境入手，分析内外部环境对单位内部控制的有利影响和负面作用，运用多种手段进行风险的定性和定量评估。比如，八项规定、廉政准则等政策对于单位业务支出带来的影响等。

（四）确定风险点

简单地说，风险点是指在各个业务环节、岗位可能存在隐患和问题的地方，如果不加以防范，可能存在导致损失的或有风险。风险点是对各业务环节更为细化的风险分析，确定风险点是为了有针对性地制定风险应对策略和管控措施。

确定风险点要依据业务流程对机构设置、岗位设置进行具体分析，找出可能造成单位经济利益损失的风险点。比如，预算编审、预算金额不准确的风险，可能发生在预算单位、预算管理部门、决算决策部门等。

（五）选择风险应对策略

风险应对策略就是对已经识别的风险进行定性分析、定量分析和风险排序，制定相应的应对措施和整体策略。风险应对策略主要包括风险规避、风险转移、风险减轻和风险接受四种。相对于企业而言，单位作为公共部门提供公共服务，通常缺少经营效益方面的考虑，因而其风险主要是业务中的低效、浪费和舞弊，要将这些风险控制在可承受范围内，需要具体情况具体分析，制定具体而适用的风险应对策略。

（六）建立健全单位各项内部管理制度

按照风险识别、风险评估、风险应对的逻辑顺序，单位应当在前面五项准备工作基础上，根据自身实际情况，建立健全单位各项内部管理制度，并针对单位的特定业务制定有针对性的制度。比如，在收支业务控制中，各个单位需要针对自身的实际情况对收支范围进行具体界定，按照收支分类的重要性制定收支业务控制的管理制度。

（七）督促相关工作人员认真执行

徒法不足以自行，制度贵在落地落实。在内部控制管理制度的执行过程中，单位要明确各个部门、各个岗位和相关工作人员的分工与责任，设立相应部门和岗位，对相关工作人员执行内部控制管理制度的结果进行监督和奖惩，形成完善的内部控制执行机制。

三、单位内部控制的控制方法

内部控制的控制方法是为管控经济活动风险而选择的措施和程序。《行政事业单位内部控制规范（试行）》规定，单位内部控制的控制方法一般包括不相容岗位相互分离、内部授权审批控制、归口管理、预算控制、财产保护控制、会计控制、单据控制和信息内部公开。这八个方法可以独立使用，也可以多个方法同时使用，具体使用办法根据岗位设置情况和业务特点确定。

（一）不相容岗位相互分离

不相容岗位相互分离要求合理设置内部控制关键岗位，明确划分职责权限，实施相应的分离措施，形成相互制约、相互监督的工作机制。内部控制关键岗位主要包括预算业务管理、收支业务管理、政府采购业务管理、财务管理、资产管理、建设项目管理、合同管理以及内部监督等经济活动的关键岗位。所谓不相容岗位，就是不能由一人兼任的岗位，或者一人兼任容易发生差错、舞弊的岗位。在单位中，通常有六大类要分离的职务：授权进行某项经济业务和执行该项业务的职务要分离，执行某些经济业务和审核这些经济业务的职务要分离，执行某项经济业务和记录该项业务的职务要分离，保管某些财产物资和对其进行记录的职务要分离，保管某些财产物资和使用这些财产物资的职务要分离，执行某项经济业务与监督这些经济业务的职务要分离。比如，《中华人民共和国会计法》规定出纳人员不得兼任记账、稽核、档案保管等岗位。

（二）内部授权审批控制

内部授权审批控制要求明确各岗位办理业务和事项的权限范围、审批程序和相关责任，建立重大事项集体决策和会签制度。相关工作人员应当在授权范围内行使职权、办理业务。

建立健全集体研究、专家论证和技术咨询相结合的议事决策机制。对于单位经济活动相关的重大决策、重大事项、重要人事任免及大额资金支付业务，即“三重一大”业务，应当集体决策和会签。任何人不得单独决策或推翻集体决策，防范“一言堂”或“一支笔”。“三重一大”的认定标准应当根据有关规定和本单位实际情况确定，一经确定，不得随意变更。

（三）归口管理

归口管理是一种管理方式。在单位内部，归口管理是指某一项业务归属哪一个部门管理。如根据本单位实际情况，按照权责对等的原则，采取成立联合工作小组并确定牵头部门或牵头人员等方式，对有关经济活动实行统一管理；根据本单位实际情况，按照权责对等的原则，建立健全内部控制关键岗位责任制，明确岗位职责及分工；配备合格的会计人员，关键岗位实行轮岗制度，并采取专项审计等控制措施。

（四）预算控制

预算是单位编制的年度财务收支计划，是单位开展财务工作的基本依据，要强化对经济活动的预算约束，使预算管理贯穿于单位经济活动的全过程。

预算控制是建立和实施内部控制的核心环节，通过预算编制、预算审批、预算执行、决算和绩效评价四个环节的有效控制，实现对经济活动风险的控制。

（五）财产保护控制

财产保护控制是单位资产购置、配置、使用和处置过程中对资产进行保护，确保资产安全和使用高效。要建立资产日常管理制度和定期清查机制，采取资产记录、实物保管、定期盘点、账实核对等措施，确保资产安全完整。

财产保护控制的主要措施有：未经授权批准的人员不能接触相关财产；定期对财产进行盘点核查；对财产增减变动进行记录及建档，对各类财产采购和处置进行会计处理和备查登记，按照档案管理办法妥善保管；对计算机系统记录的财产相关信息及时备份，异地存放；购买财产保险，实物受损后获得补偿机会；明确财产管理流程，做到财产领用、维护保养、出售及报废流程都有章可循。

（六）会计控制

会计控制是指利用记账、核对、岗位职责落实和职责分离、档案管理、工作交接程序等会计控制方法，确保单位会计信息真实、准确、完整。要建立健全本单位财会管理制度，加强会计机构建设，提高会计人员业务水平，强化会计人员岗位责任制，规范会计基础工作，加强会计档案管理，明确会计凭证、会计账簿和财务会计报告处理程序。

会计控制的主要措施有：通过会计凭证控制，去伪存真，严格审查原始凭证，凭证格式合乎规范，内容、项目齐全，能够完整反映管理或服务活动全貌；通过会计账簿控制，按照规定设置账簿，严格按照《会计基础工作规范》及实施细则的规定登记账务并进行错误更正；通过会计复核控制，按照是否符合凭证真实性、有效性的要求进行凭证之间的复核，原始凭证和记账凭证对应一致，会计凭证、账簿和报表一致；落实事后稽核制度，由具有一定经验的财务人员对会计资料进行审核、整理和装订。《中华人民共和国会计法》对落实会计控制方面规定："会计机构、会计人员必须按照国家统一的会计制度的规定对原始凭证进行审核，对不真实、不合法的原始凭证有权不予接受，并向单位负责人报告；对记载不准确、不完整的原始凭证予以退回，并要求按照国家统一的会计制度的规定更正、补充。"

（七）单据控制

单据控制要求单位根据国家有关规定和单位的经济活动业务流程，在内部管理制度中明确界定各项经济活动所涉及的表单和票据，要求相关工作人员按照规定填制、审核、归档、保管单据。

单据控制的主要措施有以下几种。一是报销单据控制：单据是报销单的附件，费用报销内容应填写完整，报销人、负责人、会计、财务部门负责人签字齐全。二是外来其他单据控制：外来单据应具备对方单位印章、收款人签字、日期等，金额栏应有大小写两种格式。三是财产盘点单据控制：财产盘点表财产保管者、负责人、盘点人、监盘人的签字齐全，所有记账凭证装订成册并移交财务部门。四是重要空白凭证与预留银行印鉴控制：空白支票、预留银行印鉴、支票密码或密码生成器等需要专人负责管理，必须按照不相容岗位相分离的原则实施控制，不能由同一个人掌管单位公章、财务专用章、负责人名章、支票密码或密码生成器。

（八）信息内部公开

信息内部公开是让相关部门和一定范围内公众知情的控制方式。要建立健全经济活动相关信息内部公开制度，根据国家有关规定和单位的实际情况，确定信息内部公开的内容、范围、方式和程序。

信息内部公开的主要措施有：建立健全政务信息发布协调机制，遵循依法、公正、公平、便民的原则，及时、准确地公开信息，及时澄清负面、不完整、失实信息；发布内部报告信息，及时公开相关事项。

四、实行内部控制年度报告制度，建立长效机制

单位内部控制年度报告是指单位在年度终了，结合本单位实际情况，依据《关于全面推进行政事业单位内部控制建设的指导意见》和《行政事业单位内部控制规范（试行）》，按照单位内部控制年度报告制度规定编制的能够综合反映本单位内部控制建立与实施情况的总结性文件。单位内部控制年度报告制度是督促检查内部控制工作的一种管理方法。通过填报单位内部控制年度报告，单位可以总结回顾年度内本单位内部控制工作组织领导、落实政策、完善制度、优化流程、提高效率、预防舞弊与腐败等方面的工作，提出下一年度加强内部控制工作的基本思路和重点工作；同时便于上级主管部门了解单位内部控制工作开展情况，及时总结经验，查找存在的问题，提出加强单位内部控制工作的对策与建议，部署推进单位内部控制开展的相关工作。

在单位内部控制年度报告编制工作中，一是要明确编制内部控制报告责任单位。按照《行政事业单位内部控制报告管理制度（试行）》的要求，编制内部控制报告的责任单位包括各级党的机关、人大机关、行政机关、政协机关、审判机关、检察机关、各民主党派机关、人民团体和事业单位，这些单位按要求报送内部控制年度报告，明确单位是内部控制报告的责任主体，单位主要负责人对本单位内部控制报告的真实性和完整性负责。

二是要遵循编制内部控制报告的原则。①全面性原则。内部控制报告应当包括单位内部控制的建立与实施、覆盖单位层面和业务层面各类经济业务活动，能够综合反映单位的内部控制建设情况。②重要性原则。内部控制报告应当重点关注单位重点领域和关键岗位，突出重点、兼顾一般，推动单位围绕重点开展内部控制建设，着力防范可能产生的重大风险。③客观性原则。内部控制报告应当立足于单位的实际情况，坚持实事求是，真实、完整地反映单位内部控制建立与实施情况。④规范性原则。单位应当按照财政部规定的统一报告格式及信息要求编制内部控制报告，不得自行修改或删减报告及附表格式。

三是做好内部控制报告编报工作的组织工作。内部控制报告编报工作按照“统一部署，分级负责，逐级汇总，单向报送”的方式，由财政部统一部署，各地区、各垂直管理部门分级组织实施并以自下而上的方式逐级汇总，非垂直管理部门向同级财政部门报送，各单位按照行政管理关系向上级行政主管部门单向报送。

从单位内部控制工作控制方法体系来看，内部控制工作遵循“内部控制环境建设—制度与流程梳理—制度完善与流程再造—流程持续优化与完善”这样一个不断循环往复、螺旋式上升的动态过程，并通过年度内部控制报告予以回顾与总结。在这一动态过程中，还需建立单位内部控制工作的评价与监督机制，通过内部控制审计、评价工作报告和内部监督机制的作用，运用好评价结果，激励与奖惩相结合，建立完善问责机制，不断督促、检查、修正和完善本单位的内部控制体系，不断促进内部控制工作。而制度建设、风险防范、优化流程等工作，最终还是要将内部控制制度落到实处，内部控制制度得到贯彻执行是内部控制工作的目的。实践中，内部控制制度建设与执行“两张皮”现象大量存在，虽然前期可能在制度建设、优化流程、风险防控等方面做了大量工作，也形成了内部控制手册，但在执行上有时会因人、因时、因地而发生变化，导致制度难以落地。

第三节 事业单位内部控制规范的法律属性

属性是事物本身固有的性质、特点。为了正确理解、应用和落实单位内部控制规范，需要了解和把握单位内部控制规范的性质和特点，即单位内部控制规范的属性。单位内部控制“程序性”规范有其经济管理属性，也有其法律属性。

其经济管理属性是指单位内部控制"程序性"规范以预算管理为主线、以资金管控为中心，实现对经济活动的管控职能所带来的性质与特点；其法律属性是指单位内部控制"程序性"规范作为"其他规范性文件"所具有的法源地位与法律性质，或者说单位内部控制"程序性"规范具有法源地位与法律性质是其固有的性质、特点之一。这里主要以《行政事业单位内部控制规范（试行）》为例，探讨内部控制"程序性"规范的法律属性。

实践中有一种观点认为，内部控制工作是一项暂时的工作安排，而不是一种制度性的安排。这种认识导致了内部控制工作被定位为临时性、暂时性安排。分析与明确单位内部控制"程序性"规范的法律属性，目的是明确《行政事业单位内部控制规范（试行）》的行政法源地位和应有的约束力，使单位内部控制规范不再被当作一般性工作要求，须得到普遍遵守与一体执行，使内部控制工作列入日程、常抓不懈。

一、《行政事业单位内部控制规范（试行）》的行政法源地位

《行政事业单位内部控制规范（试行）》（财会〔2012〕21号）是以财政部规范性文件的形式印发的，按《中华人民共和国立法法》等有关规定，其效力等级为"其他规范性文件"，位阶位于部门规章之下。规范性文件是"为人们的行为提供标准、指明方向的，以书面形式或成文形式所表现的，以一定社会主体的强制力保证实行的，一定行为规范的结合体"。在我国规范性文件一般分为规范性法律文件和其他规范性文件两种。规范性法律文件包括宪法、法律、法规、规章、国际条约等。除此以外的规范性文件称为其他规范性文件，一般认为是除政府规章外，行政机关及法律、法规授权的具有管理公共事务职能的组织，在法定职权范围内依照法定程序制定并公开发布的针对不特定的多数人和特定事项，涉及或者影响公民、法人或者其他组织权利义务，在本行政区域或其管理范围内具有普遍约束力，在一定时间内相对稳定、能够反复适用的行政措施、决定、命令

等行政规范性文件的总称。其他规范性文件与法律都是一定的社会规范，行政法规和行政规章以及其他行政规范性文件制定主体都是行政机关，文件内容都是针对不特定对象的一般行政规范，都是抽象行政行为的结果，都产生于一定的规范性调整，都具有规范的特征，即普遍性、抽象性、导向性和强制性。在一个国家内部，任何法律规范都不是单独存在的，而是一个不同效力等级、各级各类规范的统一体。

现实中，由各级行政机关制定的、行政法规和规章以外的其他规范性文件大量存在，其他规范性文件是行政机关依法行政的基本方式，是行政行为的重要依据，是执行法律法规、落实政策文件的重要手段。但学界在对于其他规范性文件法源地位的认识上存在不同意见。有观点认为，其他规范性文件不应被理解为“法”，“对法的概念外延理解得过于宽泛，不利于维护国家法制的统一和尊严”。从性质上看，行政类其他规范性文件具有普遍约束力，但不属于法的具体表现形式，“有别于按行政立法程序制定的行政法规和行政规章，不具有行政立法的法定标准，因而它不是法的具体表现形式”。这些研究从法的表现形式、制定程序、概念等方面入手研究了其他规范性文件的效力等级，但没有考虑实践中其他规范性文件所起到的重要作用，实践中正是大量其他规范性文件的存在维持着国家、政府、社会的正常运转。而且从制定依据上，其他规范性文件是依据我国的宪法和组织法制定的法律规范，是我国法律体系的重要组成部分，如果不承认其他规范性文件的法源地位，将会割裂法律规范的统一体，不利于法治中国的建设。行政法法源与刑法、民法法源相比有较大的差异性。刑法因为受到严格的罪刑法定原则的规制，其法源仅限于形式意义的成文法即法律；在民法领域，成文法具有优先适用的效力，而不成文法也具有法源地位；在行政法领域，由于依法行政原则的法律要求，法律渊源也以成文法为主。但在实践中，由各级行政机关制定的、行政法规和规章以外的其他规范性文件大量存在，如果不承认其行政法的法源地位，不承认其具有的法律效果，依法行政将成为“无法行政”了。

财政部规范性文件是指财政部按照法定职权和规定程序单独或者牵头会同有关部门制定并公布的除部门规章以外的，具有普遍约束力并能够反复适用的，作为财政行政管理依据的文件。财政部规范性文件应当符合法律、行政法规、国务院决定与命令和财政部部门规章的规定。规范性文件之间应当协调一致。财政部规范性文件是由财政部发布的对某一领域范围内具有普遍约束力的准立法行为，可以承认其在制定程序、效力等级上的局限性和不完整性，但也应承认其在行政法法源上的法律地位。《行政事业单位内部控制规范（试行）》等制度、文件是以财政部规范性文件印发的，不是针对某一具体事务、事项的行政性文件，而是在一定时间内相对稳定、能够反复适用的行政规范文件，具有行政法法源地位，应当得到普遍遵守与一体执行。

二、《行政事业单位内部控制规范（试行）》的法律渊源

法律渊源是指国家机关、公民和社会组织为寻求行为的根据而获得具体法律的来源。当代中国法律渊源是以宪法为核心的制定法形式，我国社会主义法律渊源可分为宪法、法律、行政法规、地方性法规、部门规章、自治法规、国际条约与协定等。制定《行政事业单位内部控制规范（试行）》的法律渊源有宪法、法律、行政法规等。

一是宪法。根据宪法规定，财政部可以按照法律和国务院的行政法规、决定、命令，在本部门的权限内制定规范性文件，是制定规范性文件的权力主体和责任主体。按照我国宪法规定，国务院根据宪法和法律，规定行政措施，制定行政法规，发布决定和命令；各部、各委员会根据法律和国务院的行政法规、决定、命令，在本部门的权限内，发布命令、指示和规章。

二是法律。主要包括会计法、预算法等法律法规和相关规定。按照会计法的相关规定，国家机关、社会团体、公司、企业、事业单位和其他组织必须依照会计法办理会计事务，各单位必须依法设置会计账簿，并保证其真实、完整；单位负责人对本单位的会计工作和会计资料的真实性、完整性负责，会计机构、会计人员依照会计法的规定进行会计核算，实行会计监督。国务院财政部门主管全国的会计工作，国家实行统一的会计制度，国家统一的会计制度由国务院财政部

门根据会计法制定并公布。各单位必须根据实际发生的经济业务事项进行会计核算，填制会计凭证，登记会计账簿，编制财务会计报告。任何单位不得以虚假的经济业务事项或者资料进行会计核算。财务会计报告应当由单位负责人和主管会计工作的负责人、会计机构负责人（会计主管人员）签名并盖章；设置总会计师的单位，还须由总会计师签名并盖章。单位负责人应当保证财务会计报告真实、完整。各单位应当建立健全本单位内部会计监督制度。单位内部会计监督制度应当符合下列要求：记账人员与经济业务事项和会计事项的审批人员、经办人员、财物保管人员的职责权限应当明确，并相互分离、相互制约；重大对外投资、资产处置、资金调度和其他重要经济业务事项的决策与执行的相互监督、相互制约程序应当明确；财产清查的范围、期限和组织程序应当明确；对会计资料定期进行内部审计的办法和程序应当明确。在会计机构设置方面，规定各单位应当根据会计业务的需要，设置会计机构，或者在有关机构中设置会计人员并指定会计主管人员；不具备设置条件的，应当委托经批准设立的从事会计代理记账业务的中介机构代理记账。单位负责人是指单位法定代表人或者法律、行政法规规定代表单位行使职权的主要负责人。国家统一的会计制度是指国务院财政部门根据会计法制定的关于会计核算、会计监督、会计机构和会计人员以及会计工作管理的制度。

预算法对预算的编制、执行和决算的过程进行了规定，规定预算编制应当遵守国家编制预算的原则，按照编制办法和程序进行；预算编制后要经过国家立法机构审查批准后方能组织实施，预算的执行非经法定程序不得变更。《中华人民共和国预算法》第二条规定："预算、决算的编制、审查、批准、监督，以及预算的执行和调整，依照本法规定执行。"将列入预算的单位、人民团体等的收支预算行为纳入了法律的约束与监督之下。

三是行政法规。按照《中华人民共和国预算法实施条例》的规定，一切有预算收入上缴任务的部门和单位，必须依照有关法律、行政法规和财政部的有关规定，将应当上缴的预算收入，按照规定的预算级次、预算科目、缴库方式和期限缴入国库，不得截留、占用、挪用或者拖欠。各级政府、各部门、各单位应当加强对预算支出的管理，严格执行预算和财政制度，不得擅自扩大支出范围、提高开支标准，严格按照预算规定的支出用途使用资金；建立健全财务制度和会计核算体系，按照标准考核、监督，提高资金使用效益。各部门、各单位的预算支出，必须按照本级政府财政部门批复的预算科目和数额执行，不得挪用；确需作出调整的，必须经本级政府财政部门同意。地方政府财政部门根据上级政府财政部门的部署，制定本行政区域决算草案和本级各部门决算草案的具体编制办法。各部门根据本级政府财政部门的部署，制定所属各单位决算草案的具体编制办法。政府财政部门、各部门、各单位在每一预算年度终了时，应当清理核实全年预算收入、支出数字和往来款项，做好决算数字的对账工作。不得把本年度的收入和支出转为下年度的收入和支出，不得把下年度的收入和支出列为本年度的收入和支出；不得把预算内收入和支出转为预算之外，不得随意把预算外收入和支出转为预算之内。决算各项数字应当以经核实的基层单位汇总的会计数字为准，不得以估计数字替代，不得弄虚作假。各单位应当按照主管部门的布置，认真编制本单位决算草案，在规定期限内上报。各部门在审核汇总所属各单位决算草案基础上，连同本部门自身的决算收入和支出数字，汇编成本部门决算草案并附决算草案详细说明，经部门行政领导签章后，在规定期限内报本级政府财政部门审核。各级预算收入征收部门应当按照财政部门的要求，及时编报收入年报及有关资料。各部门及其所属各单位应当接受本级财政部门有关预算的监督检查；按照本级财政部门的要求，如实提供有关预算资料；执行本级财政部门提出的检查意见。各级审计机关应当依照《中华人民共和国审计法》以及有关法律、行政法规的规定，对本级预算执行情况、对本级各部门和下级政府预算的执行情况和决算进行审计监督。

上述宪法、法律、行政法规是《行政事业单位内部控制规范（试行）》的法律渊源。《行政事业单位内部控制规范（试行）》贯彻了上述宪法、法律、行政法规的相关规定和精神，是宪法、法律、行政法规关于单位经济活动管控的相关规定在部门工作中的具体化和措施化。从贯彻落实法律、普遍遵守法律的角度，《行政事业单位内部控制规范（试行）》也应当得到普遍遵守与一体执行。

第三章 事业单位层面内部控制指南

第一节 事业单位内部控制组织架构及决策机制

一、事业单位内部控制组织架构

事业单位内部控制组织架构主要涉及单位机构设置及对应的权责分配。单位机构设置涉及决策层、管理层和操作层三个层面，应包括决策机构、执行机构和监督机构。单位各项活动中涉及的三权，即决策权、执行权和监督权，要求机构设置进行职责分工和权责分配时确保“三权分离”，这是实现科学决策、有效执行和有效监督的基本保障。

内部控制组织架构设计应充分体现制衡性、适应性和协同性三个方面的基本原则。制衡性是组织架构设计的核心原则，要求单位确保“三权分离”并形成相互制约、相互监督的机制。适应性原则是单位的组织架构设计应结合单位所处内外环境的实际情况，根据自身要求设置相应的部门、机构和岗位，并选择合适的方式组织内部控制体系的构建、实施与执行。协同性原则要求组织架构的设计立足于整体，能够全面考虑单位决策、执行和监督全过程，并能够关注单位所涉及的重大风险事项。

单位层面内部控制组织架构的基本要求如下。

（1）单位成立内部控制领导小组，单位主要负责人为组长，明确领导小组成员构成、运行方式以及内部控制管理的职责。

（2）单位明确内部控制牵头部门、工作小组成员构成及职责。

（3）单位明确内部控制评价与监督机制及其职责。

（4）充分发挥财务会计、内部审计、纪检监察、办公室、政府采购、基础设施建设、资产管理、人力资源管理等部门或岗位在内部控制中的作用。

二、单位议事决策机制

单位经济活动的决策、执行和监督应当确保“三权分离”。单位应当建立健全集体研究、专家论证和技术咨询相结合的议事决策机制。重大经济事项的内部决策，应当由单位领导班子集体研究决定。重大经济事项的认定标准应当根据有关规定和本单位实际情况确定，且一经确定，不得随意变更。

单位议事决策过程中，应加强单位领导班子建设，落实党的民主集中制原则，建立有效的保障与监督体系，实行科学、民主决策，不断提高依法决策、科学决策、集体决策水平。单位议事决策内容主要以“三重一大”为核心，即重大事项决策、重要干部任免奖惩、重要项目安排、大额资金使用。“三重一大”的具体标准由单位领导召开会议来确定，并公布“议事决策清单”。

三、关键岗位责任制

单位层面所涉及的内部控制的关键岗位，主要包括预算业务管理、收支业务管理、政府采购业务管理、资产管理、建设项目管理、合同管理以及内部监督等经济活动的关键岗位。

（一）关键岗位的职责

单位应当建立健全内部控制关键岗位责任制，明确岗位职责及分工，确保不相容岗位相互分离、相互制约和相互监督。

（二）关键岗位的管理要求

各单位结合本单位实际情况，应当实行内部控制关键岗位工作人员的轮岗制度，并进一步明确轮岗周期。若单位不具备轮岗条件，应当采取专项审计等控制措施。关键岗位工作人员应当具备与其工作岗位相适应的资格和能力。单位应加强关键岗位工作人员业务培训和职业道德教育，不断提升其业务水平和综合素质。

第二节　事业单位内部控制管理制度

一、内部控制管理制度

内部控制管理制度主要包括内部控制组织与职责、内部控制工作流程、监督与考核及执行有效性。

（一）内部控制组织与职责

在单位主管领导下设立“内部控制（含风险评估）领导小组”。内部控制（含风险评估）领导小组的职责如下。

（1）组织制定与实施内部控制体系，确保内部控制规范切合实际，科学、高效地运行。

（2）审定内部控制管理的重大方针、政策、规章制度、关键业务流程及输出要求。

（3）指导和督促内部控制体系建设与运行中存在的问题，并组织培训技术指导。

（4）制定内部控制风险等级、内部控制缺陷的认定标准，审批相关报告。

（5）负责重要内部控制及风险应对方案的审批，并配置所需资源。

（6）审查内部控制评价监督小组工作报告、年度绩效评价报告。

（7）其他与内部控制管理相关的重大事项。

（二）内部控制工作流程

内部控制工作流程包括内部控制梳理、内部控制设计或优化和内部控制评价三个阶段。

内部控制梳理应在确定梳理范围的基础上，对单位管理运行情况进行全面了解，应以内部控制五要素为核心展开，即控制环境、风险评估、控制活动、信息与沟通和内部监督。主要工作包括：成立工作小组、确定梳理范围、实施风险评估、整理现有规章制度、辨识管理风险点和控制点等。

内部控制设计或优化是指基于内部控制梳理的情况，分析本单位管理过程中存在的风险点及预计可能给单位带来的损失，并结合内部控制环境的实际情况设计或优化内部控制体系。主要工作包括：记录内部控制缺陷、设计（整改）方案、完善相关制度、更新文档记录等。

内部控制评价阶段的主要工作包括制定评价工作方案、组成评价工作组、实施现场测试、认定控制缺陷、汇总评价结果、编制评价报告等。

（三）监督与考核

监督与考核是指对内部控制建设的效率及效果进行监督与考核，包括三个方面。

（1）对单位各职能部门内部控制工作执行情况及内部控制工作任务完成情况进行检查。

（2）对风险管控部门的内部控制工作完成情况和效果进行考核与评价。

（3）对内部控制体系建设工作效果进行考核，并根据监督或考评的结果，提出改进措施，促使改进与完善。

（四）执行有效性

执行是内部控制的关键。执行到位的前提是设计到位和共识到位，然后才是检查和考核到位。使内部控制成为常态的工作是执行到位的必要条件。

审计监察部门应当定期（每年至少一次）对照内部控制手册的执行情况及效果进行监督与评价。单位也可以聘请外部咨询机构定期对单位内部控制建设情况进行评价，促进和完善内部管理制度。

二、信息系统控制

《行政事业单位内部控制规范（试行）》要求，事业单位应当充分运用现代科学技术手段加强内部控制。对信息系统建设实施归口管理，将经济活动及其内部控制流程嵌入单位信息系统中，减少或消除人为操纵因素，保护信息安全。

信息系统是由计算机硬件、网络、通信设备、计算机软件、信息资源和规章制度组成的以处理信息流为目的的人机一体化系统。随着计算机及网络技术的普及，信息系统成为任何组织中都存在的子系统，并且成为组织中的神经系统，分布并渗透到组织中的每一个部门，成为组织管理及控制系统中的一部分。信息系统的主要作用是通过输入原始数据或信息，经过加工处理后产生信息，帮助组织内部进行有效沟通协调或快速有效决策。

事业单位信息系统控制的本质是将经济活动、管理活动及各项活动中的内部控制流程、制度嵌入信息系统中，确保信息传递、处理的真实、有效。

（一）信息系统控制的目标

信息系统控制的目标主要包括以下几个方面。

（1）确保信息系统、软件符合国家及监管部门法律法规的有关要求。

（2）确保信息系统遵守保护知识产权的有关法律规定。

（3）确保信息系统满足单位运营业务需求。

（4）确保达到信息系统开发预期目标，系统运行安全、稳定。

（5）确保信息系统出现故障能够及时恢复，系统具有扩展性和集成性。

（6）确保故障恢复计划完整、具体。

（7）确保信息系统可靠、稳定、安全及数据完整和准确。

（二）信息系统职责分工及应关注事项

单位信息技术中心负责信息系统开发、变更、运行、维护等工作。各管理部门根据本部门在信息系统中的职能定位，参与信息系统建设和管理，按照信息技术中心制定的管理标准、规范、规章来操作、管理和运用信息系统。

（1）办公室是信息主管部门。其他科室负责管理与本部门业务相关信息，按规定实施信息定期整理归档及系统数据定期备份，负责保障并监控应用程序的正常进行，并且设计测试方案，定期或不定期优化升级信息系统程序方案。

（2）预算、收支、采购、资产、建设项目、合同等经济业务数据，在信息系统内实现数据共享，可以实现内部控制所需数据的实时综合查询、分析和应用。

（3）信息系统为内部控制关键岗位开设账号，并能够体现其职责与权限。系统开发和变更过程中不相容岗位（或职责）一般包括开发（或变更）立项、审批、编程、测试。信息系统访问中不相容岗位一般包括申请、审批、操作、监控。

（4）各部门将本部门业务信息、规章制度及内部控制信息等及时传递给领导、对应管理层和相关员工。

（5）各部门将法律法规信息、政策信息、监管信息等及时传递给相关的领导及员工；各部门通过国家发布的文件、期刊、网站等渠道获得外部信息，并通过单位网站、办公系统、文件、会议等方式传递给相关人员。

（6）在信息处理中，应对单位内部的上行、下达和同级传递进行有效的沟通，也要高度重视单位与外部的沟通。同时，应指定专门部门对计算机信息系统实施归口管理，负责信息系统开发、变更、运行、维护等工作。

（三）信息系统不相容原则

信息系统管理不相容要求部门之间及各部门内部职责分离，便于增加在平时工作中及时发现信息系统错误的可能。信息系统岗位分工有信息收集、信息报告编写、审核/审批、重大信息披露。日常启用访问控制功能，对登录信息系统的用户进行身份鉴别，便于更好地进行信息系统管理并确保信息安全。

第四章 事业单位预算控制

第一节 事业单位预算编制

事业单位应当建立健全预算编制、审批、执行、决策与评价等预算内部管理制度。

一、事业单位预算编制的原则

事业单位在编制预算时，应深入贯彻《中华人民共和国预算法》和《行政事业单位内部控制规范（试行）》，完善基本支出定额标准体系，加快推进项目支出定额标准体系建设，充分发挥支出标准在预算编制和管理中的基础支撑作用。由于事业单位预算是由各事业单位按照财政部门预算编制要求进行编制的，应在领会和把握预算编制相关规定的基础上，结合本单位各部门的具体职责研究确定计划年度的工作任务，经单位预算管理委员会审核通过后，再根据相关基本数字和各项收支标准采用“零基预算法”准确编制本单位预算。无规矩不成方圆，所以事业单位在预算编制中必须遵循一定的原则，才能编制出合理的、有参考价值的高质量预算。原则是编制部门预算的前提条件，加强事业单位部门编制预算的原则性，使预算编制工作更加严谨。具体原则体现在以下方面。

（1）政策性原则。事业单位编制预算要把国家的各项政策和法律作为依据，正确体现和贯彻国家有关方针、政策和规章制度。

（2）合理性原则。事业单位编制预算要做到合理安排各项资金，把当地的经济发展水平作为关键因素。

（3）可靠性原则。事业单位编制预算要稳妥、可靠，对预算的把握是收支平衡，尽量减少结余。

（4）完整性原则。部门预算的编制中要涉及单位所有的收入和支出，必须将单位的一切财务收支反映在预算中。

（5）真实性原则。编制预算的有关所有数据的预测要有依据，不可随便估计；对机关运行经费进行严格管理，加快制定单位运行经费实物定额和服务标准；加强人员编制管理和资产管理，完善人员编制、资产管理与预算管理相结合的机制。

（6）统一性原则。部门预算编制时对于同一类别的预算项目要用一致的预算科目，编制预算时，对收支标准的规定也要相统一。

（7）年度性原则。事业单位编制预算时，要和财政年度相一致。

（8）讲政治的原则。事业单位的预算编制基于自身强烈的政治责任感。

二、事业单位预算编制的方法和程序

（一）事业单位预算编制的方法

事业单位预算编制的方法主要有零基预算法、增量预算法和固定预算法。其中，零基预算法因其突出的优点而使用最广泛。零基预算法的本质是不考虑过去年度项目费用的影响，不受历史数据的影响，从零开始重新分析每一项业务活动的必要性和合理性，根据实际情况确定项目预算的数额。这就要求单位做到充分了解自身的资源情况，经过认真调查配置资源，编制预算并对预算进行考核。在编制预算时，着重分析项目的成本效益情况，按照轻重缓急安排项目的优先次序。

零基预算排除了以前年度预算的不合理因素，从投入和效率的角度合理安排项目，从而提高财政资金的使用效率，避免了过去采用基数调整的预算编制方法的缺陷，进而提高了预算编制的准确性。

（二）事业单位预算编制的程序

我国事业单位的部门预算是现代政府预算的组成部分，一般要经过四个阶段的程序：政府行政部门编制草案、政府财政部门汇总审核、政府领导审核批准、会议审核。具体实行的是“二上二下”的编报程序。

“一上”：财政部门布置预算工作，对预算单位编报事项及软件操作进行培训，基层预算单位根据预计收支规模、结构和具体工作情况编制本单位在预算年度收入及支出的预计数并上报上级主管部门。上级主管部门根据国务院、本级政府对编制预算的政策方针和财政部门下达的具体要求，对下属二级单位的预算数进行初审，报单位所属本级政府主管领导统筹调剂，之后将审核通过的本级及二级单位的预算申请书和项目文本上报财政部门。

“一下”：财政部门对“一上”部门预算进行审核、筛选、事前绩效评估，根据上年度决算数据以及当年实际收入审核部门的收入预算情况，形成部门预算初步安排建议，报请财政部门所属本级政府主管领导审阅同意后，下达各部门预算“一下”控制数。

“二上”：各主管部门根据“一下”预算控制数指导所属预算单位调整、修改部门预算编制本单位预算草案。由于“二上”的时间已接近年底，各部门还应将“一上”之后追加的经费以及当年预算执行情况进行统计和分析，对于确需纳入部门预算的项目进行补充上报，在“二上”数据上报财政部门的同时将调整后的部门预算报送同级人民代表大会或其常务委员会的主管业务部门审核备案。

“二下”：财政部门对各部门“二上”数据进行审核、汇总，报请同级政府主管领导审阅同意后，形成本级政府总预算草案，报同级人民政府；政府审批通过后，提交同级人民代表大会或其常委会审议，经人代会批准后，即成为具有法律效力的政府预算。在法定时限内，财政部门先将部门预算批复到主管部门，主管部门再向下属预算单位进行批复。

三、事业单位预算编制的具体步骤

事业单位预算编制的具体步骤包括八个方面：建立预算编审组织、做好编制预算的基础工作、编制收入预算、编制支出预算、上报预算部门、预算部门下达预算控制数、单位根据预算控制数对预算进行修改、人民代表大会批准后财政下达各单位。下面着重介绍前五个步骤。

（一）建立预算编审组织

预算编审组织的组成是单位负责人和财务部门人员。预算编审组织的所有成员要划分好工作职责，落实责任，完成单位的预算工作。预算编审组织的首要任务是确定年度的总体目标。

（二）做好编制预算的基础工作

（1）了解单位的各项资源状况，即对各项资源财产进行全面有效的检查并进行登记。

（2）了解人员编制情况，并对在编人员进行登记。这有利于人员经费的管理。人事部门对在编人员的数量要严格控制，在人员经费方面要按照人事及劳动保障部门的要求来制定；对于单位不在编的临时工，不在编制人员经费预算时体现。

（3）对资产进行有效管理，在做资产清查时一旦发现资产涉及盘盈、盘亏、损失的情况一定要及时报告，并按照规定进行说明和账务处理。

（4）仔细总结上年度的收支情况，分析本年度的哪些因素会影响收入。

（三）编制收入预算

（1）认真分析并确定本年度的征收项目，落实相关责任，如由哪个部门征收、具体的负责人是谁等。

（2）具体部门的收入预算主要是在上年年度收入的基础上和本年经济发展上编制的。

（3）财务部门负责对部门编制的预算进行汇总审查，确保收入方面涵盖了单位的方方面面且没有遗漏，进而保证预算的准确性。

（4）在编制预算的过程中，要注意往来款方面的损失和单位资产的占用，这也是单位是否能达到总体目标的重要因素。

（四）编制支出预算

单位要依照“收支平衡、略有结余”的思想来编制支出预算。编制支出预算时，要充分考虑所有的可能性因素，实现资源的优化配置。事业单位在编制支出预算时主要涉及的是基本支出和项目支出。

1.基本支出

人员经费和日常公用经费构成了事业单位的基本支出项。人员经费主要包括单位员工的工资、津贴补贴、社会保险费、住房公积金、住房补贴等。日常公用经费包括单位的商品服务支出，如电话费、办公费、委托业务费等。在编制基本支出预算时，人员经费应严格按照人事部门的规定进行编制，日常公用经费应依据国家指定的标准定额编制。

2.项目支出

项目支出包括专项任务经费和专项工程项目经费。专项任务经费是按照控制支出获得最高效率的计算方法得出的。依据工程完成年度，将专项工程项目经费可以划分为本年度和跨年度。在编制预算时，要列明总共需要的工程经费和工程完成的时间。在预算安排时，要先安排基本支出和项目支出中的专项工作经费，最后安排专项工程项目经费的预算。

项目预算申报注意两个问题。①项目申报文本编制。业务部门根据市委、市政府的专项工作、单位及业务处室按职责需开展的相关工作，提出项目，编制项目申报文本，包括项目申报书、项目支出预算明细表、项目可行性报告和项目评审报告。②项目立项审核。业务部门根据所申报项目的性质上报归口部门，由归口部门进行统筹审核。各个归口部门要设立一定的审核权限，不可越权。归口部门审核通过后，报财务处，由财务处就预算编制的结构、内容及标准进行审核，通过后报主管副局长审核。

（五）上报预算部门

经过编审组织的审核汇总，形成本单位的预算控制数，并把预算控制数的形成过程整理成说明书上交到财政部门。各部门根据年度预算建议计划，完成预算信息数据的采集、编制、汇总和审核工作，并在规定时间内提交财务处审核。财务处收到各业务部门提交的项目立项申报后，初步进行筛选，剔除重复申报项目。财务处和预算编审委员会制作项目评分指标表，听取各项目主管部门对项目整体情况的介绍后，结合上年度预算执行情况，现场对各项目进行量化评分。财务处根据分数高低情况，确定各部门预算申报项目的优先次序；结合预算年度财力状况，按照“以收定支”原则汇总，完成对各处室年度支出预算的审核平衡工作，形成年度支出预算修正意见。各部门对项目支出项目进行适当修正，经主管局领导同意后，在规定时间内向主管局财务处提出，同时报送预算编制说明。符合单位重大项目金额标准的项目需根据预算金额大小按照职责权限进行审批。财务处负责汇总平衡各部门年度预算，形成本单位年度预算草案。财务处将年度预算草案提交局长办公会进行审议批准，然后报送同级财政部门批准。

第二节　事业单位预算业务内部控制

一、事业单位预算业务内部控制的概念与目标

（一）事业单位预算业务内部控制的概念

《行政事业单位内部控制规范（试行）》中指出，内部控制是指单位为实现控制目标，通过制定制度、实施措施和执行程序，对经济活动的风险进行防范和管控。事业单位业务层面的内部控制主要包括预算业务控制、收支业务控制、政府采购业务控制、资产控制、建设项目控制和合同控制，这些业务构成了事业单位的主要经济活动内容。其中，预算业务控制是主线和核心。事业单位预算业务指的是预算管理的整个过程，可以根据业务流程分为五个环节：预算编制、预算执行、预算调整、支出决算和绩效评价。预算业务流程中的各个环节都存在一定风险。

（1）预算编制风险。预算编制不切实际，出现"漫天要价"的现象；预算编制时，财务部门未与各业务部门沟通而仅靠财务部门编制，导致预算与业务脱节；预算编制的项目不够细化，某些业务部门企图"浑水摸鱼"，导致预算没有足够的约束力。

（2）预算执行风险。没有严格按照批复的预算来安排各项收支；预算执行缺乏有效沟通，导致预算进度偏快或偏慢。

（3）预算调整风险。预算调整没有严格控制，导致预算约束力不足。

（4）支出决算风险。决算不够真实、完整，不能充分利用前一年的决算分析结果来指导下一年的预算编制。

（5）绩效评价风险。绩效评价机制往往不够完善甚至缺乏该机制，导致无法有效、及时地监督预算管理。

因此，为了加强单位预算业务的内部控制体系建设，首先需要开展风险评估，识别预算业务中各个环节的关键风险点，针对风险点采取有效的内部控制措施。

（二）事业单位预算业务内部控制的目标

事业单位的预算业务内部控制是指事业单位开展预算工作时，为了达到预算业务内部控制的目标，通过构造完善预算业务内部控制体系，找出预算业务过程中的关键风险点，对预算编制、预算执行、预算调整、支出决算、绩效评价等环节的风险进行管控与防范，确保预算业务执行的控制与监督。预算业务内部控制是事业单位内部控制的主线，其目标包括以下几个。

（1）单位的预算编制应该方法科学、程序规范、项目细化、内容完整、编制及时、数据准确。预算编制过程中，财务部门和各业务部门要及时沟通协调，实现预算编制与具体业务工作一一对应，根据业务工作的计划和需求来细化预算编制的工作，使预算工作更加精细化，可行性更高。

（2）严格管控预算调整程序，尽可能确保预算管理控制作用。

（3）确保预算的严格有效执行，确保预算能够严格按照批复的额度和用途来执行；建立预算执行反馈机制，提高预算执行的有效性。

（4）及时进行有效、真实、完整的决算分析工作，与预算要相互反映、相互促进；加强预算绩效的管理工作，建立全过程管理的预算绩效机制。

二、事业单位预算业务内部控制现状及存在的问题

就目前而言，事业单位预算业务内部控制现状及存在的问题主要体现在以下几点。

（一）内部控制工作基础较弱

部分事业单位领导对预算业务内部控制工作不够重视，在预算业务的执行中相关的业务部门未全程参与预算业务内部控制工作，没有在财务部门设置专门的内部审计工作岗位，预算的编制、执行等环节都缺乏有效的内部监管……总而言之，事业单位的内部控制工作基础相对薄弱，无法开展有效的预算业务内部控制工作。

（二）缺乏风险评估机制

事业单位在进行预算业务内部控制建设过程中，各种预算业务层面的风险都是可以通过风险评估机制来加以控制的。但部分事业单位未建立定期的、完善的风险评估机制，甚至此前未开展过单位的内部控制风险评估工作。

（三）预算业务流程不够规范与完善

部分事业单位当前的预算业务流程不够明确，各个环节基础工作缺乏明确规范，现行有关制度规定不够清晰，各部门的职责和权限及预算执行应该控制的风险不够明确和完善。

（四）预算编制环节存在的问题

部分事业单位在预算编制环节存在以下问题。

（1）预算编制过程短、时间紧、准备不充分、缺乏科学性，导致预算编制质量低。事业单位每年年底才开始制订来年工作计划，因此在每年进行预算编制时有时并未有明确的下一年工作计划。这样使得预算编制时没有合理的预算编制和预算细化依据，最终导致预算编制质量低，需要多次反复修改。而在填报预算时，有的领导存在靠“拍脑袋”做出预算初稿并审议通过的情况，例如某单位某年按照审议内容在预算软件输入数据后，最终做出了赤字预算。

（2）财务与职能部门缺乏有效沟通，导致预算与其他业务脱节。部分事业单位的各业务职能部门对本单位年度的预算编制工作存在不够重视的情况，在编制环节会以完成任务、应付了事的态度工作，只考虑本部门的利益，导致预算编制与实际工作脱节，进而在预算执行环节出现各种问题。有的业务部门负责人在预算编制环节为图省事，只给出预算总数，而缺乏相应的细化预算和说明文档；有的业务部门在编制过程也不和财务人员沟通，互相不了解，导致最后的预算编制流于形式。

（3）预算项目没有进一步细分，编制粗糙、随意性大，导致预算约束力不强。有的事业单位在编制预算前，缺乏对下一年度工作的总体把控，在各项业务项目下没有细化预算经济指标内容，而到了预算执行环节，又必须针对实际情况对预算做调整和预算追加，使得预算工作的约束力不强。有的事业单位的业务部门对下一年的工作计划缺乏设想、制订得不够仔细，在编制预算过程中编制粗糙、随意性大，不会编制细化预算，设定指标也流于形式，使得下一年在预算执行中频繁追加、调整预算，财务账目混乱不堪。

（五）预算执行环节存在的问题

（1）未严格按照上级的批复来执行预算。部分事业单位的项目资金收支较为随意，领导会要求对没有编制预算的项目进行列支，这使得预算执行的严肃性受到挑战。

（2）预算的执行缺乏有效沟通，往往导致预算的进度偏快或偏慢。有些财务部门与业务部门缺乏有效的沟通，经常是业务部门随意开销，也不主动与财务人员及时沟通，直到预算执行出问题才进行反馈，导致预算执行无序、不合规。例如，有的事业单位财务部门和业务部门之间存在隔阂，业务部门经常不能做到及时地与财务部门沟通自己的项目完成进度；只有财务部门在发现业务部门的一些具体项目超预算列支后，业务部门才会强制财务部门把预算调整过来，并归咎于财务人员。

（六）预算调整环节存在的问题

有的事业单位预算调整没有严格控制，导致预算约束力不足。例如，有的事业单位在编制预算环节没有完整把控下一年工作计划，在实际预算执行中，出现了预算项目超支的情况，于是需要调整预算，进而导致预算约束力不足。

（七）决算与绩效评价环节存在的问题

评价机制不完善会导致预算管理缺乏有效监督。有的事业单位目前还没有建立有效的绩效评价机制，也没有真正起到约束和激励的作用。对于有的事业单位来说，业务部门编制的预算在执行时随意性很大。加上这些单位没有建立起有效的绩效评价机制，没有严惩这些问题责任人，也没有奖励做得好的相关责任人，相关领导业绩评价也没受到任何影响，进而导致事业单位预算业务内部控制问题频发，体系有待健全、完善。

第五章

事业单位收入业务控制

第一节　收入业务控制概述

一、事业单位收入的主要类别

事业单位收入是事业单位为开展业务及其他活动依法取得的非偿还性资金。事业单位的收入具有来源渠道多的特点，主要包括财政补助收入、事业收入、上级补助收入、附属单位上缴收入、经营收入和其他收入等。需要注意的是，有代收上缴非税收入的事业单位，其上缴国库或者财政专户的资金也应纳入事业单位收入业务的管理范围。

（一）财政补助收入

财政补助收入即事业单位从同级财政部门取得的各类财政拨款，包括基本支出补助和项目支出补助。

（二）事业收入

事业收入即事业单位开展专业业务活动及其辅助活动取得的收入。其中，按照国家有关规定应当上缴国库或者财政专户的资金，不计入事业收入；从财政专户核拨给事业单位的资金和经核准不上缴国库或者财政专户的资金，计入事业收入。

（三）上级补助收入

上级补助收入即事业单位从主管部门和上级单位取得的非财政补助收入。

（四）附属单位上缴收入

附属单位上缴收入即事业单位附属独立核算单位按照有关规定上缴的收入。

（五）经营收入

经营收入即事业单位在专业业务活动及其辅助活动之外开展非独立核算经营活动取得的收入，一般采用权责发生制确认收入。

（六）其他收入

其他收入即规定范围以外的各项收入，包括投资收益、利息收入、捐赠收入等。采用权责发生制确认的收入，应当在提供服务或者发出存货，同时收讫价款或者取得索取价款的票据时予以确认，并按照实际收到的金额或者有关票据注明的金额进行计量。

二、收入业务控制的目标和风险

收入业务控制是事业单位加强财务管理，促进单位整体事业目标实现的基础业务，其目标通常包括以下几点。

（1）各项收入符合国家法律法规的规定。

（2）各项收入核算准确、及时，相关财务信息真实、完整。

（3）单位应收款项管理责任明晰，催还机制有效，确保应收尽收。

（4）各项收入均应及时足额收缴，并按规定上缴到指定账户，没有账外账和私设“小金库”的情况。

（5）票据、印章等保管合理合规，没有因保管不善或滥用而产生错误或舞弊。

收入业务中可能存在的风险包括以下几类。

（1）收入业务岗位设置不合理，岗位职责不清，不相容岗位未实现相互分离，导致错误或舞弊的风险。

（2）各项收入未按照收费许可规定的项目和标准收取，导致收费不规范或乱收费现象发生。

（3）违反“收支两条线”管理规定，截留、挪用、私分应缴财政的资金，导致私设“小金库”和资金体外循环。

（4）未由财会部门统一办理收入业务，缺乏统一管理和监控，导致收入金额不实，应收未收，单位利益受损。

（5）票据、印章管理松散，没有建立完善的制度，存在收入资金流失的风险。

第二节　收入业务控制的主要措施

为应对风险，事业单位收入业务控制通常会设置以下四项措施。

一、收入业务岗位控制

收入业务执行过程中，如果存在职责分工不明确、岗位责任不清晰、权限设置不合理、关键岗位权力过大、监督审核缺少等情况，就极易产生错误及徇私舞弊的现象。如果收入业务岗位、会计核算岗位、资金收付岗位缺少相互牵制，就容易产生坐收坐支或挪用公款等具体问题，从而引发收入流失和资金使用的风险。

事业单位应当合理设置岗位，明确相关岗位的职责权限。收入业务的不相容岗位至少包括收入预算的编制和批准、票据的使用和保管、收入的征收与减免审批、收款与会计核算等。事业单位应通过明确划分职责权限设置岗位，加强岗位之间的相互制约和监督，以达到事前防范、事中控制，防止差错和舞弊，预防腐败的目的。

二、收入业务授权审批控制

目前事业单位的财务审批权有过于集中的缺点，并且缺乏必要的监督。授权审批环节执行不严格，如经办部门负责人、主办会计和分管财务负责人没有严格按程序和权限审批并签章，或部门负责人不对收费申请进行认真审批、不严格审核收费过程的合规性，就容易造成收费环节的风险。

事业单位收入业务授权审批控制是针对财政补助收入、事业收入、上级补助收入、附属单位上缴收入、经营收入和其他收入等实施的控制措施。

有政府非税收入收缴职能的事业单位，应当按照规定项目和标准征收政府非税收入。非税收入是单位依法使用政府权力、政府信誉、国家资源、国有资产或提供特殊公共服务、准公共服务取得的并用于满足社会公共需要或准公共需要的财政资金。非税收入包括行政事业性收费、政府性基金、国有资源有偿使用收入、国有资产有偿使用收入、国有资本经营收益、彩票公益金、罚没收入、专项收入等。

事业单位针对行政事业性收费、政府性基金、国有资产、资源收益、罚没（罚金）收入、代结算收入等的授权审批流程是不同的。对行政事业性收费，执收人员向缴费义务人开具非税收入管理局统一监制的收费通知或决定；对经常性收费（含政府性基金、国有资产、资源收益等），执收人员向缴费义务人开具非税收入管理局统一监制的收费通知或决定；对罚没（罚金）收入，执收人员对违法人员送达行政处罚决定书；对代结算收入（暂扣款、预收款、保证金、诉讼费等），执收人员向缴费义务人开具收费通知。

收费人员对收费项目和收费标准进行审核并开具非税收入缴款书；缴款义务

人将款项缴入非税收入汇缴结算户；缴款义务人如对收费通知、决定有异议，可以依法申请行政复议或行政诉讼，但复议或诉讼期间，不停止执行。

减征、免征非税收入的，或缴费义务人因特殊情况需要减征、免征非税收入的，需要遵循相关审批流程。具体过程是首先由缴款义务人提出申请，申请书应注明减免理由及相关法律法规及政策规定，并附有特殊情况的有关证明材料；再由执收人员填制行政事业收费减免审批表，并签署是否同意减征、免征、缓征的意见；最后经单位审批同意，分别报非税收入管理局以及同级财政部门审批后，方可由执收人员办理减免应缴纳的非税收入。

事业性收费应进行分户分类核算，在月末按收费款项划入国库和财政专户，并按月向财政国库部门报送收费进度表。单位依法收取的代结算收入符合返还条件的，由缴费义务人提出返还申请，征收主管签署意见，并经财政部门审核确认后，通过非税收入汇缴结算户直接返还缴款人。依照法律法规规定确认为误征、多征的非税收入，由缴款义务人提出申请后，经由财政部门确认，通过非税收入汇缴结算户及时、足额、准确地退还给缴款义务人。已划至国库或财政专户的，则由国库或财政专户直接退付。

三、收入核算控制

事业单位的各项收入应当由财会部门归口管理并进行会计核算，严禁设立账外账和“小金库”。业务部门应当在涉及收入的合同协议签订后及时将合同等有关材料提交财会部门作为账务处理依据，确保各项收入应收尽收，及时入账。财会部门应当定期检查收入金额是否与合同约定相符；对应收未收的项目应当查明情况，明确责任主体，落实催收责任。

事业单位取得的按照“收支两条线”管理要求，应纳入预算管理或应缴入财政专户的预算外资金，不能直接计入事业收入，应根据上缴方式的不同，直接缴入财政专户或由单位集中后上缴财政专户。根据经过批准的部门预算、用款计划和资金拨付方式，事业单位收到财政专户返还款时再计入事业收入。

事业单位设置“事业收入”总账科目核算事业收入业务。取得事业收入时的会计分录为：

借：银行存款　　　　　　　　　×××

　贷：事业收入　　　　　　　　　×××

年终结账时，按规定将“事业收入”科目贷方余额转到“事业结余”科目，相关会计分录为：

借：事业收入　　　　　　　　　×××

　贷：事业结余　　　　　　　　　×××

四、收入业务票据控制

事业单位应当建立健全票据管理制度。财政票据、发票等各类票据的申领、启用、保管与使用、核销与销毁均应履行规定手续。

（一）票据申领

事业单位应按照规定的手续进行财政票据、发票等各类票据的申领。征收非税收入的票据应当由出纳人员从非税收入管理部门统一领购。

（二）票据启用

事业单位应当按照规定建立票据台账并设置专门管理票据的人员，做好票据的保管和序时登记工作。票据应按照顺序号使用，不得拆本使用，作废票据也要做好管理。负责保管票据的人员要配置单独的保险柜等保管设备。

在非税收入票据启用前，单位应先检查票据有无缺联、缺号、重号等情况，一经发现应及时向非税收入管理部门报告；单位按上级有关规定从上级主管部门领取的专用票据，需经同级非税收入管理部门登记备案后方能使用。

（三）票据保管与使用

事业单位应建立票据台账，全面、如实地登记、反映所有票据的入库、发放、使用、销号、结存情况。票据台账所反映的票据结存数必须与库存票据的实际票种及数量一致；对票据进行定期盘点，盘点时应有出纳人员以外的人员参加，确保未使用票据的安全。

事业单位应严格执行票据管理的相关规定，不得违反规定转让、出借、代开、买卖财政票据、发票等票据，不得擅自扩大票据适用范围；设立辅助账簿对票据的转交进行登记；对收取的重要票据，应留有复印件并妥善保管；不得跳号开具票据，不得随意开具印章齐全的空白支票。

（四）票据核销与销毁

事业单位应按规定程序对财政票据、发票等各类票据进行核销与销毁。因填写、开具失误或其他原因导致作废的票据，应予以保存，不得随意处置或销毁。对超过法定保管期限、可以销毁的票据，在履行审批手续后进行销毁，但应当建立销毁清册并由授权人员监销。

执收人员开具非税收入票据时，应做到内容完整、字迹工整、印章齐全。非税收入票据因填写错误而作废的，应加盖作废戳记或注明“作废”字样，并完整保存其各联，不得私自销毁。对于丢失的非税收入票据，应及时登报声明作废，查明原因，并在规定时间内向非税收入管理局提交书面报告。作废的非税收入票据和保管五年以上的票据存根，应经单位负责人同意后，向非税收入管理部门提出销毁申请，非税收入管理部门审核同意后销毁。销毁前需认证清理销毁的票据，确保票据开出金额与财务入账金额完全一致。销毁监督小组由3—5名来自财务部门、审计部门的工作人员组成。监毁情况应以小组名义出具，经财务部门负责人和单位负责人签字后，报送非税收入管理部门备案。

第六章 事业单位支出业务控制

第一节 支出业务控制概述

一、事业单位支出的主要类别

事业单位支出是指事业单位开展业务及其他活动时发生的资金耗费和损失，包括事业支出、对附属单位的补助支出、上缴上级支出、经营支出和其他支出等。

（一）事业支出

事业支出即事业单位开展专业业务活动及其辅助活动发生的基本支出和项目支出。基本支出是指事业单位为了保障其正常运转、完成日常工作任务而发生的人员支出和公用支出。项目支出是指事业单位为了完成特定工作任务和事业发展目标，在基本支出之外所发生的支出，主要指的是购置专用设备的支出。

（二）对附属单位的补助支出

对附属单位的补助支出即事业单位用财政补助收入之外的收入给予附属单位补助所发生的支出。

（三）上缴上级支出

上缴上级支出即事业单位按照财政部门和主管部门的规定上缴上级单位的支出。

（四）经营支出

经营支出即事业单位在专业业务活动及其辅助活动之外开展非独立核算经营活动发生的支出。

（五）其他支出

其他支出即以上范围以外的各项支出，包括利息支出、捐赠支出等。

事业单位的支出通常结合单位经济活动业务特点、管理要求进行分类，如某事业单位经费支出分为人员经费、机构运转业务经费、重点管理经费（“三公”经费）、基本建设项目经费、工程修缮经费、信息化项目经费、购置项目经费和专项业务经费八大类。

二、支出业务控制的目标

支出业务控制是事业单位内部控制的重要内容，支出业务控制的目标主要包括以下几点。

（1）各项支出符合国家相关法律法规的规定，包括支出范围和标准等。

（2）各项支出符合规定的程序与规范，审批手续完备。

（3）各项支出真实、合理。

（4）各项支出的效率和效果良好。

（5）各项支出得到正确核算，相关财务信息真实、完整。

事业单位应当建立健全支出内部管理制度，制定各类支出业务管理细则，确定单位经济活动的各项支出范围和标准，明确支出报销流程，按照规定办理支出事项。

第二节　支出业务控制的主要措施

为应对风险，事业单位支出业务控制的措施主要有以下五项。

一、支出业务岗位控制

事业单位应当按照支出业务类型，明确内部审批、审核、支付、核算和归档等支出各关键岗位的职责权限。实行国库集中支付的，应当严格按照财政国库管理制度的有关规定执行，确保支出申请和内部审批、付款审批和付款执行、业务经办和会计核算等不相容岗位相互分离。支出业务不相容岗位还应延伸考虑以下内容：人员管理与人员支出管理，人员费用的审批与发放，支出预算的执行与监督，支出内部定额的制定与执行，支出的审核、批准与办理。

二、支出业务审批控制

事业单位在确定授权批准的层次时，应当充分考虑支出业务的性质、重要性、金额大小。预算内的一般支出可以由部门负责人或分管领导审批，但预算内的重大开支则需要单位负责人审批才能报销；预算外的重大支出需要经事业单位管理层集体决策，并且要对预算外支出严格控制。事业单位管理层如果只有审批权力，而不负担审批责任，就会形成违规审批、越权审批、争相审批、审批过多过滥等风险。

事业单位应当按照支出业务的类型，明确内部审批、审核、支付、核算和归档等支出各关键岗位的职责权限，明确支出业务的内部审批权限、程序、责任和相关控制措施。审批人应当在授权范围内审批，不得越权审批。事业单位主管领导负责单位支出相关管理制度和文件的审批，参与内部定额修改方案的集体审批，负责审阅向上级单位或财政部门提供的分析报告。实行国库集中支付的，应当严格按照财政国库管理制度的有关规定执行。

单位应对不同资金的财务管理风险按不同的执行方式和审批权限进行管理，下面以某事业单位为例介绍其支出业务审批控制的措施与方法。

（一）基本支出

（1）计划生育、公费医疗、抚恤金、丧葬费、养老保险个人账户这五类事项在预算执行时需要先报人事部门审核，提交财务部门核对金额，由分管财务单位领导签批后，向财政部门发文申请执行。

（2）属于自行采购事项的，按其规定选择相应的政府采购执行方式和自行采购执行方式履行审批手续。

（3）超过50万元的一次性大额公用经费支出经单位领导班子集体研究决定后执行并备案。

（4）除上述事项以外的其他基本支出由单位自行内部审批执行。

（二）重点管理经费（“三公”经费）支出

该事业单位对“三公”经费实行重点管理，年初预算批复后，由财务部门下达经单位领导审批的“三公”经费总控制额度，单位在控制额度内每季度末向财务部门报送下季度“三公”经费用款计划，由单位财务部门调度指标后在额度内执行。

（1）因公出国经费。单位在年初将该单位出国计划报送单位人事部门审核汇总后纳入单位全年出国计划，由单位财务部门审核出国经费预算后报分管财务的领导和单位领导审批。

（2）公务用车运行维护费。单位细化账目处理实行单车核算，使用公款租车需按规定办理相关租用车辆审批手续后方可执行。

（3）公务接待费。单位参考往年同期支出数据在每季下达指标额度，相关费用在额度内执行。季末次月10日内，将支出明细报送单位财务部门。

（三）机构运转业务经费

对属于自行采购事项的，按其规定选择相应的方式履行审批手续。明确不属于采购执行的机构运转业务经费的审批权限与审批程序。

（1）单笔金额在20万元以内且全年累计不超过50万元的同一支出事项，由单位自行审批。

（2）单笔金额在20万元（含20万元）至50万元之间且全年累计不超过100万元的同一支出事项，提交单位财务部门会同相关业务归口部门审核后，报分管财务领导审批。

（3）单笔金额在50万元（含50万元）至100万元之间且全年累计不超过500万元的同一支出事项，由单位财务部门会同相关业务归口部门审核后，报分管财务领导和单位领导审批。

（4）单笔金额超过100万元（含100万元）的支出，由单位财务部门会同相关业务归口部门审核，报分管财务领导和单位领导审批后，提交单位领导办公会议审议决定。

此外，基本建设项目支出、工程修缮项目支出、信息化项目支出、购置项目支出要按照相关要求履行相应的审批手续。对外投资、对外借款、对外捐款等事项的支出在预算执行时均需由单位财务部门会同相关业务归口部门审核后，报分管财务领导和单位领导审批。

三、支出业务审核控制

部分事业单位在实际业务中存在部门负责人随意审核开支的现象，对报销的经办人员缺少应有的监管，造成经办人员在报销单据中虚报支出；或者分管财务负责人在审核过程中见到领导签字就直接批复，不审核所报销资金的真实性、合法性。事业单位支出审核不严谨，缺乏有效的监控体系，财务人员对审核标准的理解不准确、新文件新规定下达不及时等因素，往往造成支出业务审核风险。

单位财会部门应当加强支出业务审核控制，全面审核各类支出单据。重点审核单据来源是否合法，内容是否真实、完整，使用是否准确、是否符合预算，审批手续是否齐全。

支出凭证应当附反映支出明细内容的原始单据，并由经办人员签字或盖章，超出规定标准的支出事项应由经办人员说明原因并附审批依据，确保与经济业务事项相符。支出单据的审核原则包括以下几个方面。

（一）审核原始发票内容的真实性

对原始发票内容真实性的审核主要包括以下内容：一是审核原始发票内容是否真实，如验证票据所写的单位名称是不是本单位的名称；二是验证票据有没有少购多开、无购虚开的现象；三是检查发票的格式是否符合国家的规定；四是验证发票上的署名是否真实；五是审核原始发票本身是否真实，有无弄虚作假现象。

（二）审核原始发票要素的完整性

对原始发票要素完整性的审核主要包括以下内容：一是审核发票的名称与加盖的印章是否一致；二是审核所发生的经济内容是否真实、可靠；三是审核发票的金额；四是审核发票的日期与发生经济业务的日期是否一致；五是审核发票的编号，验证所要报销的票据编号与近期报销票据的编号是否相近，以防空白发票作假报销。

（三）审核原始发票支出范围的合法性

对原始发票支出范围合法性的审核主要包括以下内容。一是审核是否符合财务标准的相关规定。例如，报销人员提供的车船票（包括飞机票），只能在规定的标准以内进行报销，对不符合报销范围或超过报销标准外的部分应不予报销。二是审核取得的原始发票与所发生的经济业务之间的因果关系。如果是因私而取得的原始发票，尽管所反映的经济业务真实，也不能作为结算报销的依据。三是审核是否违反财经纪律。对擅自提高开支标准，扩大开支范围，用公款请客送礼及侵占国家、集体利益的原始发票应一律拒之门外。

四、支出业务支付控制

事业单位所有的付款业务都必须履行规定的程序，即支付申请—支付审批—支付审核—办理支付。出纳人员只有在收到经过领导审批、会计审核无误的原始凭证后才能按规定的金额办理付款手续。有些事业单位虽然制定了《报销支付程序与办法》等相关文件，但在实际工作中却没有完全遵守。例如，有的审核人员不在岗时，出纳人员有时会在报销审批手续不全的情况下，依据个人之间的关系和自己的方便程度自行办理资金支付，缺少审核程序，出纳支付资金的随意性较大。这种支付程序往往会给单位带来无法弥补的损失，可能引发“坐收坐支”的风险。

（一）报销业务控制

事业单位应明确报销业务流程，按照规定办理资金支付手续，登记签发的支付凭证。一般来说，事业单位与支出报销业务流程相关的人员包括有报销业务的各业务部门经办人员、各业务部门负责人、分管各业务部门的事业单位领导、分管财务负责人、主办会计、记账会计、出纳会计。对事业单位支出报销业务的控制可以概括为以下四个关键环节。

（1）各部门经办人员先填制报销单交由该部门负责人审批，如果金额超过一定额度需报分管领导审批。

（2）主办会计审核报销单据的真实性、合法性。

（3）分管财务负责人审核其资金使用是否合理，审批环节、审批手续是否完备。

（4）将报销单据交出纳处，出纳给付现金或开具支票付款，登记现金或银行日记账后交给记账会计记账。

（二）公务卡结算控制

公务卡是预算单位工作人员持有的，主要用于日常公务支出和财务报销业务的信用卡。它既具有一般银行卡的授信消费等共同属性，又具有财政财务管理的独特属性。事业单位使用公务卡结算的，应当按照公务卡使用和管理的有关规定办理业务。公务卡报销不改变预算单位现行的报销审批程序和手续，有利于及时办理公务消费支出的财务报销手续。

公务卡的适用范围包括使用现金结算日常公务支出中零星商品服务和2万元以下的采购支出，具体内容包括水费、电费、办公费、差旅费、交通费、招待费、印刷费、电话费等。事业单位使用公务卡结算的具体控制措施如下。

（1）报销人员填报支出报销审批单，凭发票、POS机消费凭条等单据，按财务报销程序审批。

（2）出纳人员凭核准的支出报销审批单及报销单据，通过POS机将报销资金划转到个人卡上。

（3）报销人员当场确认后，在POS机打印的凭条上签字，财务人员凭经签字确认的凭条、支出报销审批单登记入账。

（4）持卡人使用公务卡结算的各项公务支出，必须在规定的免息还款期内（银行记账日至发卡行规定的到期还款日之间的期限），到本单位财务部门报销。

（5）因个人报销不及时造成的罚息、滞纳金等相关费用，由持卡人承担。

（6）如个别商业服务网点无法使用银行卡结算系统，报销人先行以现金垫付后，可凭发票等单据到单位财务部门办理报销审批手续。

（7）因持卡人所在单位报销不及时造成的罚息、滞纳金等相关费用，以及由此带来的对个人资信的影响等责任，由单位承担。

五、支出业务会计核算控制

事业单位的支出报账程序是“先审批再审核”，会计人员无法参与到单位重要业务的事前决策，审核也只是针对票据的规范性，这样就弱化了财务人员的事前监督。在确认和计量经济业务时，主要是针对原始凭据，缺乏与其存在钩稽关系的类比凭证，从而造成支出业务的真实性、计价的准确性无法核对，这就为虚列支出、转出资金提供了机会。

事业单位加强支出业务的会计核算，应由财会部门根据支出凭证及时准确登记账簿；与支出业务相关的合同等材料应当提交财会部门作为账务处理的依据。财会部门负责人应关注和监督支出预算的执行，组织结余资金的管理，组织做好单位支出的财务分析与评价，提高资金的使用效益。

事业单位支出包括事业支出、对附属单位补助支出、上缴上级支出、经营支出和其他支出等。为了核算事业单位的事业支出，应设置“事业支出”科目。因事业支出的项目较多，为便于分类核算与管理，事业单位应根据实际情况设置明细科目，如基本工资、补助工资、其他工资、职工福利费、社会保障费、“三公”经费、设备购置费、修缮费等费用。人事部门负责人应严格按照主管部门下达的人员编制标准配备在职人员；组织做好在职人员的调进、调出、退休等变动以及临时工使用工作；对长期不在岗人员及时作出相应处理，并如实调整人员经费支出。

事业单位发生支出时，会计分录为：

借：事业支出　　　　　　　　　　×××

　贷：银行存款或现金　　　　　　　　×××

事业单位支出收回或冲销转出时，会计分录为：

借：有关科目　　　　　　　　　　×××

　贷：事业支出　　　　　　　　　　　×××

年终结账后，“事业支出”科目无余额。

第七章

事业单位政府采购业务控制

第一节　政府采购业务控制概述

事业单位政府采购业务控制是指在事业单位使用资金进行货物、服务和工程的采购过程中的相关控制。依据《中华人民共和国政府采购法》，事业单位的采购业务多以政府采购方式完成，是事业单位使用财政性资金采购依法制定的集中采购目录内的或者采购限额标准以上的货物、工程和服务的行为。《中华人民共和国采购法实施条例》规定，财政性资金包括纳入预算管理的资金，如预算资金、财政专项资金等。

一、政府采购业务控制的目标

财政部有关事业单位政府采购业务控制的总目标是：以“分事行权、分岗设权、分级授权”为主线，通过制定制度、健全机制、完善措施、规范流程，逐步形成依法合规、运转高效、风险可控、问责严格的政府采购内部运转和管控制度，做到约束机制健全、权力运行规范、风险控制有力、监督问责到位，实现对政府采购活动内部权力运行的有效制约。

具体目标有：建立健全政府采购内部管理制度，明确岗位设置及其职责，规范业务流程，严格审核审批手续；建立沟通协调机制，保障采购工作有序进行；充分审核采购预算和采购计划，采购需求合理，确保符合单位实际；选择合理的采购方式和政府采购代理机构，规范政府采购招标、投标、开标和中标流程，保证招标公开、公平，防止舞弊和腐败问题；验收标准明确，合同履行管理严格；资金支付程序合规、附件齐全，会计处理及时；政府采购信息管理合规合法，妥善保管档案资料；及时处理质疑和投诉，加强对政府采购业务的监督检查。

二、政府采购业务控制的范围

采购管理与其他业务流程的衔接主要包括采购前的预算指标及采购指标、采购后的采购合同签订及资金支出。

采购前的预算指标主要关注采购事项是否已经在预算指标内，采购预算指标是否能满足采购支出金额。单位对于没有预算指标的采购申请应明确不予批准。采购后的程序主要包括招标完成后合同签订和资金支付等环节，主要是通过合同管理、资金支付管理与采购管理进行衔接和校验，需要重点关注合同内容与投标文件、中标信息等法定内容是否一致，实际支付金额与采购合同金额是否一致等。需要单位设置专岗对合同内容与投标文件、中标信息等法定内容的一致性进行核对，并与采购支付金额进行核对。

购买依法制定的集中采购目录以内的或者采购限额标准以上的货物、服务和工程的行为属于政府采购行为。政府采购按照采购形式和组织方式的不同可以分为集中采购与分散采购。政府采购实行集中采购和分散采购相结合的形式。实行集中采购的政府采购项目，由集中采购目录确定。集中采购目录以外且在采购限额标准以上的采购项目，实行分散采购。集中采购目录和采购限额标准由政府确定并公布。达到单位内规定限额标准以上且在政府采购限额标准以下的自行采购项目，采取建立单位预选供应商库和采购单位自行组织评标两种采购模式。

集中采购管理是指各级国家机关、事业单位和团体组织，使用财政性资金采购依法制定的集中采购目录以内的或者采购限额标准以上的货物、工程和服务的行为。集中采购不仅是指具体的采购过程，而且是采购政策、采购程序、采购过程及采购管理的总称，是一种对公共采购进行管理的制度，是一种政府行为。尽管集中采购作为对外采购，特别是服务类和工程类采购的有效控制手段，但是在事业单位内部还存在很多单笔采购金额没有满足集中采购金额且不在集中采购目录中的采购行为。这些小额采购虽然金额较小，但累计金额较高，因此，有必要设计单位的内部采购机制。这就产生了事业单位采购管理中集中采购与内部采购两种采购控制形式并存的现象。

自行采购管理是指在政府集中采购目录之外的，同时又在政府采购限额范围内，各单位为自身业务发展而使用财政性资金购买货物、工程和服务的行为，是单位内部管理制度，也是单位的自身行为。自行采购应确定目录外采购的招标机构，采取随机抽取的方式，发现违规或者服务不佳的招标机构及时进行替换。自行采购按照组织形式可分为预选供应商和评标两种方式。预选供应商适用于不同供应商提供的服务无差异或差异不大的情况，如印刷、修缮等；评标适用于供应商提供的服务有明显差别的情况，一般对服务要求的技术含量较高，供应商服务质量不一致，需要采用评标的方式确定最佳供应商，如办公家具购置、物业管理等。

此外，自行采购还应采用适当的方式来适应较为特殊的现实情况，如针对延续性事项的处理，需要采取资质入围方式确定供应商等。

第二节　政府采购业务管理

一、政府采购业务控制的职能分工与不相容岗位分离

（一）内部部门分工及职责

1.政府采购领导小组（领导机构）

政府采购领导小组是单位政府采购工作的领导机构，组长一般为单位负责人，各职能部门、业务部门负责人为其成员。其主要职责是研究决定采购重大事项，审定本采购实施计划和采购方式；审定各采购单位定额标准以上重大项目的采购需求、公开招标文件和采购合同；审定内部采购预选供应商库和采购代理机构库名单；监督各采购单位采购工作，查处采购违法行为；完成其他相关采购工作。

2.政府采购工作小组

政府采购工作小组由单位各职能部门、业务部门的政府采购业务人员组成，负责单位采购的日常管理工作。其主要职责是根据国家、省、市有关政府采购的管理规定，拟定政府采购工作规范；审核采购单位编制的政府采购预算；初步审核采购实施计划、采购单位委托的采购代理机构和采购方式；督促采购单位依法履行采购合同，执行政府采购预算，核准政府采购资金，处理采购纠纷；指导和检查采购单位贯彻执行有关政府采购法律法规情况，加强对采购单位经办人员的业务培训；完成政府采购领导小组和上级主管部门交办的其他政府采购工作。

（二）不相容岗位分离

政府采购业务管理的不相容岗位包括以下内容：政府采购预算编制和执行分离，采购方式决定和执行分离，采购经办、项目技术参数的需求确定与审核分离，政府采购招标人与使用人分离，项目需求确定和评标定标分离，评标定标和签订审核采购合同岗位分离，采购合同签订审核和项目验收分离，项目验收和采购结算审批分离，付款审批与付款执行分离，政府采购政策制定与督促检查分离。

二、政府采购业务管理流程

（一）政府采购预算与采购计划管理流程描述

该流程包括采购预算编制与采购计划管理环节。单位财务部门定期转发政府采购监督管理部门制定的《政府采购目录》，编制本单位年度预算时，应同时提供政府采购预算。业务部门根据年度计划和实际需求，编制部门采购预算。财务部门政府采购岗位汇总本单位的采购预算，根据采购预算及内容确定采购方式，经部门负责人审核后上报分管领导、局长/院长办公会。分管领导、局长/院长办公会对单位的政府采购预算审核同意后，财务部门按要求选择代理机构。

财务部门采购人员与资产管理人员、各业务部门沟通后，及时按照财政部门要求编制采购计划。采购计划包括采购项目、资金来源、采购数量及技术指标、采购方式、资金支付方式等内容。采购计划经部门负责人、分管领导、局长/院长办公会审批后，形成单位采购项目批准文件。财务部门采购人员通过政府采购信息系统报送采购计划。

（二）政府采购活动管理流程描述

该流程包括招标前期工作、开标及公示、签约及执行环节。单位业务部门根据预算批复安排提出招标工作启动申请，经相关程序审批后形成招标文件。财务部门根据项目采购预算及业务部门招标申请，召集招标代理机构、业务部门等召开需求协调会。业务部门提出技术需求，在规定期限内签订代理协议。业务部门协助招标代理机构依据技术需求起草和编制招标文件，业务部门对招标文件进行技术把关。政府采购领导小组对招标代理机构编制的招标文件进行审核，提出修改意见。分管政府采购工作的领导对招标文件进行审批，审批同意后，招标代理机构发布招标公告，单位开始组织招投标。

业务部门按照要求抽取评标专家，指定一名业务人员作为采购方专家参与评标。招标代理机构等进行招标工作，纪检、财务等部门对招标过程进行监督。分管政府采购的领导对中标结果签署确认函。招标代理机构根据确认函公示中标结果。公示结束后，招标代理机构发中标通知书，向采购方报送备案资料，包括招标文件、投标文件、评标结果和代理协议等资料。

业务部门根据招标文件会同财务、法律等部门进行合同谈判，起草项目合同，报政府采购领导小组、分管领导审批后执行合同。政府采购领导小组对项目合同进行审核。分管政府采购的领导签署合同。财务部门对政府采购过程中的招投标资料进行归档备案。

（三）政府采购验收与资金支付流程描述

该流程包括政府采购验收与资金支付环节。单位业务部门组织履约，并为合同方履约提供必要的准备。财务部门负责组织相关部门、人员成立验收工作小组，进行验收。办公设备验收等由办公室、信息中心等部门参加，非办公设备类验收由使用部门、技术专家等参加。验收工作小组负责整个采购验收工作的组织领导。直接参与该采购项目方案制定、评审的人员不能作为验收工作小组负责人。验收工作小组对照政府采购合同条款和标准对每项进行验收，按照验收方案及时组织验收，填写验收单据，小组负责人签字确认并加盖单位公章，供应商签字确认并加盖公章。发现合同方有违约情况的，立即通知供应商；发现供应商有违约情况的，及时纠正、汇报处理。验收工作小组根据验收单据编制验收报告，验收报告经小组成员签字后报送分管领导审批。财务部门按照合同约定及验收报告，及时支付采购资金。采购资金属于国库资金的，实行国库集中支付；采购资金属于单位自筹资金的，由单位自行支付。

第三节 政府采购业务控制的风险与策略

一、常见的政府采购业务控制风险

规范事业单位采购行为、防范与控制采购风险是政府采购业务控制的主要目的。事业单位政府采购业务常见的风险包括以下几类。

（一）采购项目和采购预算安排不合理

这类风险主要体现在政府采购、资产管理、预算编制以及业务部门之间缺乏沟通协调，采购项目可行性论证不充分，重复或错误立项，需求审核不严格，采购与实际需求脱节，导致资金浪费或资产闲置。

（二）采购计划编制不科学、不专业

这类风险主要体现在采购参数的制定缺乏公平、公开、透明的制衡机制和专业管理，采购预算定价的市场调查论证不足，过高或过低制定预算，出现围标、舞弊或遭受欺诈等问题，采购的商品和服务质次价高，导致财政资金效用降低或资源浪费。

（三）采购活动不规范

这类风险主要体现在未按规定选择采购方式、发布采购信息，甚至以化整为零或其他方式规避公开招标，对采购、招标缺乏有效的监督，出现围标、舞弊等问题，甚至导致单位被提起诉讼或受到处罚，影响单位正常业务活动的开展。

（四）采购验收与资金支付不规范

这类风险主要体现在合同和付款环节审核不严格，实际接收产品与采购合同约定有差异，导致采购资金损失或单位信用受损。

（五）采购业务档案管理不善

这类风险主要体现在采购业务档案缺失，导致采购业务出现争议，影响政府采购信息和财务信息的真实与完整。

二、政府采购不同业务环节的风险

（一）采购需求申请环节

在采购需求提出过程中，风险主要来源于采购需求提出的过程中是否实现采购需求单位与部门内部的分权和岗位职责分离，具体可能出现以下几种风险。

（1）采购需求部门在需求文件中提出采购需求是否公允。

（2）采购需求文件是否经过上级领导的审批。

（3）采购需求文件是否由专业的评估机构进行评审。

（4）评审结果是否由专门的采购小组进行校验。

（二）采购主体确定环节

在采购需求单位与部门提出采购需求后，要按照采购需求清单和目录确定采购主体，这一环节主要存在以下几种风险。

（1）应该纳入政府采购范围内的采购事项是否全部纳入政府采购，可能出现利用采购目录的名称不够精确而进行采购对象置换甚至偷换，逃避履行政府采购的行为。

（2）应该纳入政府采购范围内的采购事项是否因采购金额被拆分而没有纳入政府采购，可能出现品目、名称相同的采购事项在政府规定的最短采购周期内多次出现的现象。

（3）在采购支出事项完成后，是否有专门的内部机构对采购支出事项进行审验，该机构能否及时、全面地获取采购支出事项相关信息（包括摘要、目录、金额、支出科目），是否在采购完成后对采购信息的一致性和同步性进行审验和复核，能否实现供应商与采购需求部门之间的衔接，以降低信息不对称的可能性。

（4）采购事项是否存在单位内部资金划拨。上级单位因所属下级单位职能延伸而进行内部购买服务，下级单位可以不用履行政府采购，这存在下级单位没有履行服务义务而选择对外部购买服务的可能，进而产生舞弊风险。

（三）采购方式确定环节

政府的采购方式主要包括公开招标、邀标、竞争性谈判、单一来源和询价等五种国家法定方式，在实际工作中还包括定点和协议采购。采购方式确定环节的主要风险包括以下两种。

（1）选择符合财政部门指定的采购代理机构，按照政府采购目录和金额的标准，已经明确规定的采购方式是否得到采购需求部门的有效执行。

（2）财政部门允许采购需求部门以委托、自选、招标的方式选择招标代理机构，招标代理机构是否帮助采购需求单位与部门确定对其舞弊有利的采购方式。

（四）招标代理机构确定环节

政府采购需要采购需求单位与部门按规定选取财政部门指定的招标代理机构进行招标、投标工作。这是由于财政部门指定招标代理机构一般代理收费标准统一，工作流程相对规范；社会自选代理机构则更加注重委托方的满意度。因此，在这个环节中主要存在以下几种风险。

（1）财政部门规定某些类型采购事项必须到财政部门规定的招标代理机构完成，而个别采购需求单位与部门误认为其自行选择招标代理机构进行公开招标，即为履行政府采购程序，但实际已产生违规风险。

（2）财政部门指定的招标代理机构也可能利用组织招标的便利条件，与采购需求单位及部门串通，选择有倾向性的专家或者在招标过程中设置不公允条款和标准，人为影响中标结果。

（3）不排除个别财政部门下属的采购中心或者招标代理机构存在左右中标结果的风险。

（五）价格预算确定环节

在此环节的风险主要有以下几种。

（1）专业性强的采购需求价格是否由专业的评估机构（或对外聘请第三方）进行估算。

（2）对其他专业性不强的采购需求价格是否建立了第三方机构询价机制。

（3）是否根据现有的行业标准对采购需求价格进行套算。

（六）专家选取环节

在此环节的风险主要有以下几种。

（1）需求评审过程中所需的专家抽取是否随机。

（2）评审专家库的人员构成是否科学有效，对于无法满足评审要求的专家是否建立评审专家库的退出机制。

（3）个别专家可能会为了获得经济利益而同供应商和采购需求单位与部门勾结串通，利用其较高的资历和威望影响其他专家的评标结果。

（七）招标要素设置环节

在此环节，招标要素设置主要涉及入围资质设置、评分标准与分值权重设置。相关风险主要有以下几种。

（1）入围资质设置中是否违反相关法律法规对地域性和行业性等特殊事项的规定而设置歧视性和倾向性条款。

（2）是否有采购专业机构负责评判入围资质设置的必要性。

（3）是否存在与满足采购需求关联不大的评分标准。

（4）分值权重是否与相关法律法规、价格占比的标准以及采购需求因素的重要性保持一致。

三、政府采购业务控制的主要策略

事业单位应当建立健全包括采购预算与计划管理、采购活动管理、验收与合同管理、质疑投诉答复管理和内部监督检查等的采购内部管理制度，应当明确相关岗位的职责权限，确保采购需求制定与内部审批、招标文件准备与复核、合同签订与验收、验收与保管、采购活动组织与质疑投诉检查等不相容岗位相互分离。政府采购的责任主体是采购需求单位或部门。因为在整个采购过程中，采购需求部门有条件也有能力影响采购需求提出、采购需求评审、采购定价、采购方式确定、招标代理机构和供应商选择等采购流程外的关键风险控制，因此，采购需求单位与部门有义务对采购流程外（系统外）的业务控制机制进行设计。

（一）机构与岗位设计

采购管理机构是划分为采购监管决策机构、采购日常管理机构及单位采购实施机构三个层次的采购管理组织体系。

采购单位应当成立采购小组，负责本单位政府采购和自行采购的组织与实施工作。采购小组成员至少包括单位各内设机构采购管理人员、采购经办人员、财务人员。其中，各单位采购管理人员应当为本单位在编人员，具有依法办事、清正廉洁、以身作则的政治纪律观念，熟悉有关政府采购法律、法规和财会等相关专业知识，并实行定期轮换制度。采购小组人员名单及其变动应及时报采购办备案。

采购管理人员负责本单位政府采购和自行采购工作，其主要工作职责是制定本单位采购管理细则，并组织实施及验收；汇总申报本单位采购计划、审核采购需求；按合同和项目进度，提出采购资金支付申请；保管本单位政府采购工作报告及档案资料；完成单位领导和上级部门安排的其他采购工作。

采购经办人员承办政府采购和自行采购工作，其主要工作职责是申报本部门采购计划、编报采购需求；在采购管理人员组织下，参与采购实施工作；组织本部门采购项目实施和验收。

财务人员负责采购单位政府采购和自行采购的财务工作，其主要工作职责是汇总编制本单位年度政府采购预算；审核本单位政府采购和自行采购实施计划的采购资金来源；复核采购支付申请手续，办理政府采购和自行采购资金支付。

采购单位应当遵循采购监督管理与操作执行相分离的原则，明确本单位采购工作监察部门或岗位，其主要职责是对政府采购项目招投标过程中执行政府采购法律法规情况进行督察，不参与评标、谈判、询价等具体工作；对自行采购项目执行采购管理暂行办法，并对过程进行监督，不参与预选供应商抽取和评标等具体工作；参与采购中有关质疑、投诉问题的处理；受理供应商提出的回避申请，并按照回避制度对相关人员进行审核。

采购单位应当建立本单位政府采购合同审核机构或指定合同审核人，负责对合同的合法、合规性进行审核。

（二）各环节采购控制措施

1.采购预算和采购计划的编制与审核

按照“先预算，后计划，再采购”的工作流程，各事业单位应先规范填报集中采购预算，编报并录入采购计划后，方可实施采购。年初集中采购预算在年初与部门预算同步编制，主要体现预算支出规模和方向，可以粗编。集中采购预算要应编尽编，属于集中采购范围的支出项目应编制集中采购预算。加强采购预算和采购计划的衔接，建立预算编制、采购计划和资产管理之间的沟通机制。根据本单位工程货物和服务实际需求及经费预算标准与设备配置标准细化采购预算，列明采购项目或货物品目，并根据采购预算及实际采购需求安排编报月度采购计划。采购小组应对各单位提交的集中采购预算进行审核，属于集中采购范围的支出项目但未编制集中采购预算的，应责其重新编制。

（1）采购预算的编制与审核。各采购单位应按实际需求编制采购预算，其中政府采购预算列入本单位财政年度部门预算或者年度追加预算内，按照法定程序上报审批。按照财政部门规定，原则上凡纳入政府采购的预算必须严格履行政府采购程序，不得安排政府采购预算以外的采购需求，各采购单位在编报政府采购预算时应当充分论证需求。各采购单位应按相关规定，准确界定政府采购和自行采购范围，防止采购预算应编未编和漏项，影响任务完成。

（2）采购计划编制。各采购单位应当在采购预算指标批准范围内，按季度组织本单位采购计划编制工作，填写政府采购计划表，报本单位分管采购领导签字确认。各采购单位采购小组应及时将采购计划报政府采购工作小组，由政府采购工作小组对如下内容进行审核：采购计划资金来源是否符合规定，采购项目清单是否符合预算明细或符合相关技术审核部门批复意见规定，其他相关合规性内容的审核。凡达到额定金额以上的大额采购项目，由政府采购工作小组提交政府采购领导小组审定。经政府采购领导小组审批后，属于政府采购形式的由政府采购工作小组下达给各采购单位。作为政府采购网上申报采购计划的依据，各采购单位应按下达的采购计划组织实施。

各采购单位开展政府采购时，应向政府采购工作小组提交如下资料：政府采购计划；政府采购项目清单；大额信息化项目或系统软件、硬件货物采购项目须附科信单位项目立项批复；工程类项目须附财政预算评审批复，如时间紧迫可先用预算评审单位预算评审终稿代替，待财政正式批复后补交；所需提交的其他资料。

各采购单位在编制采购计划时应按如下事项执行：政府采购计划应当在人民

代表大会批复的政府采购预算范围内，依据各单位经审核通过的采购需求进行编制，完整反映政府采购预算的落实情况；采购项目数量和采购资金来源应与批复的政府采购预算中的采购项目数量及采购资金来源相对应，不得编制资金尚未落实的政府采购计划；采购单位在编制政府采购计划时，应注重政府采购的规模效益，同一季度内对同一采购品目不能安排两次以上采购计划；各采购单位不得将应当以公开招标方式采购的货物或者服务化整为零或者以其他任何方式、理由规避公开招标采购。在一个预算年度内，采用公开招标以外方式重复采购相同货物或服务两次以上，资金总额超过公开招标数额标准的，视同化整为零规避公开招标采购。

（3）采购计划评审。采购计划评审要设置不同岗位进行管理。第一，采购计划评审应由专人专岗进行，并设置为必经流程，设置科学、合理的逐层、逐级审批机制，每个层级的评审人员构成应科学、合理，重大采购需求在单位领导办公会议上讨论通过。第二，在必要情况下需要聘请专业的评估机构对需求文件进行专业评审。第三，设置具备丰富经验的专业采购小组对采购计划进行校验。

2.采购主体确定

为了应对采购主体确定，特别是政府采购范围确定过程中的风险，需要采取以下应对措施。

（1）采购需求严格按照政府采购目录和金额的规定，将符合政府采购标准的采购行为纳入政府采购管理中。采购需求单位设立专人专岗对政府采购履行情况进行审验，并在信息化流程中将其设为审核的必选项目，对采购支出项目进行单次单笔审核。

（2）采购单位设立专人专岗对采购支出的历史数据进行汇总，在审核流程中设置为必经环节，在政府规定的最短采购周期内，审查品目、名称相同的采购事项的出现次数。

（3）采购单位设立专人专岗对政府采购信息进行审验，及时、全面地将政府采购信息（包括摘要、目录、金额、支出科目等）与采购需求部门、供应商相对接。

（4）上级单位要监督下级单位的违规外包行为，下级单位获取财政性资金后，如果要服务外包则必须履行政府采购手续。

3.采购方式确定

采购单位应以批复的预算指标为依据，填写政府采购项目采购登记表，登记采购项目名称和采购金额，确定资金来源（部门预算、专项资金、其他资金）、需求登记日期、采购项目分类（货物类采购、服务类采购、工程类采购）等，将采购方式确认为公开招标或协议采购等方式，同时上报需求文件。

政府采购主要分为以下几种采购方式。

（1）公开招标采购方式。公开招标是指招标人以招标公告的方式邀请不特定的法人或者其他组织投标。公开招标应当作为政府采购的主要采购方式。货物、服务和工程类项目达到公开招标数额标准以上的，必须实行公开招标。因特殊情况需要采用非公开招标方式的，应报采购领导小组审核，财政部门批准。

（2）邀请招标采购方式。符合如下情形之一，报采购领导小组审核，财政部门批准后方可采用邀请招标：具有特殊性，只能从有限范围供应商处采购的；采用公开招标方式的费用占政府采购项目总价值比例过大的。

（3）竞争性谈判采购方式。符合如下情形之一，可向政府采购工作小组申请采用竞争性谈判：投标供应商不足三家的；技术复杂或者性能特殊，难以确定详细规格或者具体要求的；采用公开招标不能满足紧急需要的；确实不能事先计算出价格总额的。

（4）单一来源采购方式。符合下列情形之一，报采购领导小组审核，财政部门批准后方可采用单一来源采购：只能从唯一供应商处采购的；发生了不可预见的紧急情况，而不能从其他供应商处采购的。

（5）询价采购方式。符合下列情形，可向政府采购工作小组申请采用询价采购：采购的货物规格、标准统一，现货货源充足且价格变化幅度小。

（6）简易采购程序。政府集中采购目录通用项目中已实行协议供应（供货）的项目，可按简易采购程序办理网上协议采购、网上竞价或快速采购。具体按如下原则进行选定：凡实行协议供应（供货）的品目，应按协议供应规定程序操作；如认为协议供应商的报价高于市场平均价格的，可以在协议供应商范围内进行网上竞价；对于协议采购和网上竞价没有合适价格的协议供货项目、采用询价方式的项目、品牌单一又有多个分销商的货物类项目，可以采用快速采购方式，按照报价最低原则确定成交供应商。但是，属于协议供货的项目，成交价格必须低于协议供应商的报价。

第八章

事业单位资产控制

第一节　资产控制概述

一、概念界定

（一）资产的含义

事业单位的资产是指由事业单位占有、使用，依法确认为国家所有，能以货币计量的各种经济资源的总称。即事业单位的国有（公共）财产，包括国家拨给事业单位的资产、事业单位按照国家规定运用国有资产组织收入形成的资产，以及接受捐赠和其他经法律确认为国家所有的资产。

（二）资产的分类

事业单位的资产按价值形态，可以分为流动资产、固定资产、对外投资、无形资产和其他资产。流动资产包括现金、各种存款、应收及预付款项、存货等，固定资产包括房屋及构筑物、专用设备、一般设备、文物和陈列品、图书、其他固定资产等，对外投资包括债券投资和其他投资，无形资产包括知识产权、土地使用权、非专利技术、商标权、商誉等。

二、资产控制的主要内容

财政部为了规范和加强事业单位国有资产管理，维护国有资产的安全完整，合理配置和有效利用国有资产，保障和促进各项事业发展，建立适应社会主义市场经济和公共财政要求的事业单位国有资产管理体制，根据国务院有关规定，制定了《事业单位国有资产管理暂行办法》。该办法对我国各级各类事业单位的国有资产管理活动都适用。根据《事业单位国有资产管理暂行办法》的规定，事业单位国有资产控制的主要内容主要有以下几点。

（一）管理机构及其职责

1.各级财政部门

各级财政部门是政府负责事业单位国有资产管理的职能部门，对事业单位的国有资产实施综合管理。其主要职责有以下几点。

（1）根据国家有关国有资产管理的规定，制定事业单位国有资产管理的规章制度，并组织实施和监督检查。

（2）研究制定本级事业单位实物资产配置标准和相关的费用标准，组织本级事业单位国有资产的产权登记、产权界定、产权纠纷调处、资产评估监管、资产清查和统计报告等基础管理工作。

（3）按规定权限审批本级事业单位有关资产购置、处置以及利用国有资产对外投资、出租、出借和担保等事项，组织事业单位长期闲置、低效运转和超标准配置资产的调剂工作，建立事业单位国有资产整合、共享、共用机制。

（4）推进本级有条件的事业单位实现国有资产的市场化、社会化，加强事业单位转企改制工作中国有资产的监督管理。

（5）负责本级事业单位国有资产收益的监督管理。

（6）建立和完善事业单位国有资产管理信息系统，对事业单位国有资产实行动态管理。

（7）研究建立事业单位国有资产安全性、完整性和使用有效性的评价方法、评价标准和评价机制，对事业单位国有资产实行绩效管理。

（8）监督、指导本级事业单位及其主管部门、下级财政部门的国有资产管理工作。

2.主管部门

事业单位的主管部门负责对本部门所属事业单位的国有资产实施监督管理。其主要职责有以下几点。

（1）根据本级和上级财政部门有关国有资产管理的规定，制定本部门事业单位国有资产管理的实施办法，并组织实施和监督检查。

（2）组织本部门事业单位国有资产的清查、登记、统计汇总及日常监督检查工作。

（3）审核本部门所属事业单位利用国有资产对外投资、出租、出借和担保等事项，按规定权限审核或者审批有关资产购置、处置事项。

（4）负责本部门所属事业单位长期闲置、低效运转和超标准配置资产的调剂工作，优化事业单位国有资产配置，推动事业单位国有资产共享、共用。

（5）督促本部门所属事业单位按规定缴纳国有资产收益。

（6）组织实施对本部门所属事业单位国有资产管理和使用情况的评价考核。

（7）接受同级财政部门的监督、指导并向其报告有关事业单位国有资产管理工作。

3.事业单位

事业单位负责对本单位占有、使用的国有资产实施具体管理。其主要职责有以下几点。

（1）根据事业单位国有资产管理的有关规定，制定本单位国有资产管理的具体办法并组织实施。

（2）负责本单位资产购置、验收入库、维护保管等日常管理，负责本单位资产的账卡管理、清查登记、统计报告及日常监督检查工作。

（3）办理本单位国有资产配置、处置以及对外投资、出租、出借和担保等事项的报批手续。

（4）负责本单位用于对外投资、出租、出借和担保的资产的保值增值，按照规定及时、足额缴纳国有资产收益。

（5）负责本单位存量资产的有效利用，参与大型仪器、设备等资产的共享、共用和公共研究平台建设工作。

（6）接受主管部门和同级财政部门的监督、指导并向其报告有关国有资产管理工作。

（二）资产配置及使用

1.资产配置

事业单位国有资产配置是指财政部门、主管部门、事业单位等根据事业单位履行职能的需要，按照国家有关法律、法规和规章制度规定的程序，通过购置或者调剂等方式为事业单位配备资产的行为。

事业单位国有资产配置应当符合三个条件：现有资产无法满足事业单位履行职能的需要；难以与其他单位共享、共用相关资产；难以通过市场购买产品或者服务的方式代替资产配置，或者采取市场购买方式的成本过高。

事业单位国有资产配置应当符合规定的配置标准；没有规定配置标准的，应当从严控制，合理配置。对于事业单位长期闲置、低效运转或者超标准配置的资产，原则上由主管部门进行调剂，并报同级财政部门备案；跨部门、跨地区的资产调剂应当报同级或者共同上一级的财政部门批准。法律、行政法规另有规定的，依照其规定。

2.资产使用

事业单位国有资产的使用包括单位自用和对外投资、出租、出借、担保等方式。为此，单位应当建立健全资产购置、验收、保管、使用等内部管理制度，要对实物资产进行定期清查，做到账账相符、账实相符，加强对本单位专利权、商标权、著作权、土地使用权、非专利技术、商誉等无形资产的管理，防止无形资产流失。

（三）资产处置

事业单位国有资产处置是指事业单位对其占有、使用的国有资产进行产权转让或者注销产权的行为。相应的处置方式包括出售、出让、转让、对外捐赠、报废、报损以及货币性资产损失核销等。事业单位处置国有资产，应当严格履行审批手续，未经批准不得自行处置。

（四）产权登记与产权纠纷处理

1.产权登记

事业单位国有资产产权登记是国家对事业单位占有、使用的国有资产进行登记，依法确认国家对国有资产的所有权和事业单位对国有资产的占有、使用权的行为。事业单位应当向同级财政部门或者经同级财政部门授权的主管部门（授权部门）申报、办理产权登记，并由财政部门或者授权部门核发“事业单位国有资产产权登记证”。该登记证由财政部统一印制，是国家对事业单位国有资产享有所有权，单位享有占有、使用权的法律凭证。

2.产权纠纷处理

事业单位与其他国有单位之间发生国有资产产权纠纷的，由当事人协商解决；协商不能解决的，可以向同级或者共同上一级财政部门申请调解或者裁定，必要时报有管辖权的人民政府处理。

事业单位与非国有单位或者个人之间发生产权纠纷的，事业单位应当提出拟处理意见，经主管部门审核并报同级财政部门批准后，与对方当事人协商解决；协商不能解决的，依照司法程序处理。

（五）资产评估与资产清查

1.资产评估

事业单位有下列情形之一的，应当对相关国有资产进行评估。

（1）整体或者部分改制为企业。

（2）以非货币性资产对外投资。

（3）合并、分立、清算。

（4）资产拍卖、转让、置换。

（5）整体或者部分资产租赁给非国有单位。

（6）确定涉讼资产价值。

（7）法律、行政法规规定的其他需要进行评估的事项。

事业单位国有资产评估工作应当委托具有资产评估资质的评估机构进行，要如实向资产评估机构提供有关情况和资料，并对所提供的情况和资料的客观性、真实性和合法性负责。

2.资产清查

事业单位有下列情形之一的，应当进行资产清查。

（1）根据国家专项工作要求或者本级政府实际工作需要，被纳入统一组织的资产清查范围的。

（2）进行重大改革或者整体、部分改制为企业的。

（3）遭受重大自然灾害等不可抗力造成资产严重损失的。

（4）会计信息严重失真或者国有资产出现重大流失的。

（5）会计政策发生重大更改，涉及资产核算方法发生重要变化的。

（6）同级财政部门认为应当进行资产清查的其他情形。

事业单位进行资产清查时，应当向主管部门提出申请，并按照规定程序报同级财政部门批准立项后组织实施，但根据国家专项工作要求或者本级政府工作需要进行的资产清查除外。

（六）资产信息管理与报告

事业单位应当按照国有资产管理信息化的要求，及时将资产变动信息录入管理信息系统，对本单位资产实行动态管理，并在此基础上做好国有资产统计和信息报告工作。

事业单位国有资产信息报告是事业单位财务会计报告的重要组成部分，单位应当按照财政部门规定的事业单位财务会计报告的格式、内容及要求，对其占有、使用的国有资产状况定期给出报告。

事业单位国有资产占有、使用状况，是主管部门、财政部门编制和安排事业单位预算的重要参考依据。各级财政部门、主管部门应当充分利用资产管理信息系统和资产信息报告，全面、动态地掌握事业单位国有资产占有、使用状况，建立和完善资产与预算有效结合的激励和约束机制。

（七）监督检查与法律责任

1.监督检查

财政部门、主管部门、事业单位及其工作人员应当依法维护事业单位国有资产的安全完整，提高国有资产使用效益。

财政部门、主管部门和事业单位应当建立健全、科学、合理的事业单位国有资产监督管理责任制，将资产监督、管理的责任落实到具体部门、单位和个人。

事业单位国有资产监督应当坚持单位内部监督与财政监督、审计监督、社会监督相结合，事前监督与事中监督、事后监督相结合，日常监督与专项检查相结合。

2.法律责任

事业单位及其工作人员违反《事业单位国有资产管理暂行办法》，有下列行为之一的，将依据《财政违法行为处罚处分条例》的规定进行处罚、处理、处分。

（1）以虚报、冒领等手段骗取财政资金的。

（2）擅自占有、使用和处置国有资产的。

（3）擅自提供担保的。

（4）未按规定缴纳国有资产收益的。

财政部门、主管部门及其工作人员在上缴、管理国有资产收益，或者下拨财政资金时，违反本办法规定的，将依据《财政违法行为处罚处分条例》的规定进行处罚、处理、处分。

第二节　货币资金内部控制

一、概念界定

事业单位的货币资金是指单位拥有的现金、银行存款、零余额账户用款额度、其他货币资金。货币资金作为事业单位流动性强、控制风险高的资产，贯穿于单位运营的全过程。因此，加强货币资金管理、建立和完善货币资金内部会计控制，对保护事业单位资产的安全、完整，以及单位的正常运转起着非常关键的作用。

二、货币资金控制的目标

事业单位进行货币资金管理和控制的目标主要有以下几点。

（1）确保单位货币资金安全，避免货币资金被盗窃、挪用等意外情况发生。

（2）确保单位货币资金完整，避免侵占单位收入等违法行为发生。

（3）确保货币资金的使用符合国家法律规定及单位内部规章制度。

（4）确保单位各项记录能如实反映货币资金的各项收支活动。

（5）加快货币资金回笼，提高货币资金的使用效率。

三、货币资金控制不同环节的风险

明确货币资金控制不同环节的风险对于实现事业单位货币资金的有效内部控制至关重要。货币资金控制的风险主要存在于支付申请、支付审批、支付复核和办理支付环节。

（一）支付申请环节

支付申请环节的主要风险是资金使用申请人在向审批人提交支付申请时未明确注明款项的用途、金额、预算、限额、支付方式等内容，或者有上述内容但是未附有效原始单据或相关证明。

（二）支付审批环节

支付审批环节的主要风险是审批人没有按照严格的审批程序对资金支付申请的业务真实性、金额的准确性、票据或者证明的合法性进行审批，或者对于重要的支付申请没有实行集体决策和审批。

（三）支付复核环节

支付复核环节的主要风险是资金支付申请没有经过专人复核，或者经过审批以后没有经过复核便由出纳人员办理资金支付。

（四）办理支付环节

办理支付环节的主要风险是出纳人员办理资金支付以后没有及时登记库存现金或银行存款日记账。

四、货币资金内部控制的相关策略

（一）授权审批控制

（1）事业单位应当建立货币资金授权制度和审核批准制度，明确审批人对货币资金的授权批准方式、权限、程序、责任和相关控制措施，规定经办人办理货币资金业务的职责范围和工作要求。

（2）审批人应当根据货币资金授权批准制度的规定，在授权范围内进行审批，不得超越权限审批。单位应当加强对银行账户的管理，严格按照规定的审批权限和程序开立、变更、撤销银行账户。

（3）经办人应当在职责范围内，按照审批人的批准意见办理货币资金业务。对于审批人超越授权范围审批的货币资金业务，经办人有权拒绝办理。

（二）岗位分工控制

（1）事业单位应当建立货币资金业务的岗位责任制，明确相关部门和岗位的职责权限，确保办理货币资金业务的不相容岗位相互分离、制约和监督。货币资金业务的不相容岗位至少应当包括货币资金支付的审批与执行、货币资金的保管与盘点清查、货币资金的会计记录与审计监督。

（2）担任出纳的人员应当具备会计从业资格。出纳人员不得兼任稽核、会计档案保管和收入、支出、费用、债权、债务账目的登记工作。

（3）不得由一个人办理货币资金业务的全过程。严禁未经授权的部门或人员办理货币资金业务或直接接触货币资金。

（4）单位应当严禁一个人保管支付款项所需的全部印章。财务专用章应当由专人保管，个人名章应当由本人或其授权人员保管。每位负责保管印章的人员要配置单独的保险柜等保管设备，并做到人走柜锁。

（三）现金管理控制

1.现金支付

依据《现金管理暂行条例》的规定，结合单位实际情况确定现金开支范围，超过开支范围的应通过银行办理转账结算。

事业单位通过财政拨款、非税收入拨款、事业收入、上级主管部门补助收入等途径获得的现金收入应及时送存银行，不得直接用于支付单位支出。如因特殊情况需要坐支现金的，应当事先报开户银行审查批准，由开户银行核定坐支范围和限额。

出纳人员从银行提取现金时，应写明用途并由计划财务处负责人签字盖章，经开户银行审核后予以支付。

单位借出现金必须符合规定，执行严格的审核批准手续，严禁私自挪用、借出货币资金。

单位任何部门不得以任何理由私借或者挪用公款。确因工作需要借用现金的，应填写借款单，经部门负责人和计划财务处负责人审批后方能支取，借出的现金应在规定的时间内送还。

单位工作人员办理报销业务时，经办人应详细记录每笔业务开支的实际情况，填写支出凭证，注明用途和金额。出纳人员应严格审核报销的原始凭证，审核无误后方可办理报销手续。

出纳人员应在支付限额范围内办理现金支付，超过限额的需由经办人员向计划财务处提出申请，经计划财务处负责人审核，由单位主管领导集体决策同意后方可办理现金支付业务。

出纳人员应严格按照规定办理现金支付业务，不准以白条冲抵现金，不得擅自将单位现金转借给其他单位，不得利用银行账户代其他单位和个人存入与支取现金，不得用不符合财务制度的凭证顶替库存现金，不得保留账外现金。

以收费形式收取的预算外资金实行收费许可制度，收费必须使用财政部门统一印制的收费票据。单位取得的货币资金必须及时入账，不得私设“小金库”，不得账外设账，严禁收款不入账。

单位应建立库存现金日记账，并要逐日逐笔登记，做到日清月结，月份终了必须进行账目核对。

2.现金保管

单位现金保管的责任人为出纳人员，超过限额的现金应由出纳人员送存银行。现金不得以个人名义存入银行，一旦发现公款私存，应对责任人予以严肃处理。

每日下班前，出纳人员对限额内的库存现金于当日核对清楚后，在保险柜内存放，不得放在办公桌内过夜。保险柜只能由出纳人员开启使用，保险柜密码由出纳人员自己保管并严格保密。出纳人员调动岗位时应更换密码。

3.现金盘点和督查

出纳人员应每天清点库存现金，登记库存现金日记账，做到账款相符、账实相符。

单位应建立现金盘点和督查制度，定期和不定期地对库存现金情况进行清查盘点。重点盘点项目如下。

（1）账款是否相符。

（2）有无白条抵库。

（3）有无私借、挪用公款。

（4）有无账外资金。

若发现账款不符，应及时查明原因，并做相应处理。若是由一般工作失误造成的，可由单位相关负责人按照规定作出处理；若属于违法行为，应依法移交相关部门处理。

（四）银行对账制度控制

单位应按开户银行和其他金融机构的名称与存款种类，分别设置银行存款日记账，由出纳人员根据收付款凭证逐笔按顺序登记，每日终了结出余额。

银行存款日记账和银行账户至少每月核对一次，并编制银行存款余额调节表。单位会计人员对银行存款余额调节表和账单进行核对，确保银行存款账面余额和银行对账单余额调节相符。

若银行存款账面余额和银行对账单余额调节不符，可以按以下办法处理。

（1）发现记账错误的，应上报计划财务处负责人，查明原因后进行处理、改正。

（2）因收付款结算凭证在单位和银行之间传递需要时间而造成的记账时间不同，可通过银行存款余额调节表调节相符。

单位出纳人员不得从事银行对账单获取、银行存款余额调节表的编制等工作，如确需出纳人员办理上述工作的，可指定其他人员定期进行复审和监督。

审计处应指派专门人员，不定期审查单位银行存款余额和银行存款相关账目。具体审核内容如下。

（1）银行存款业务的原始凭证、记账凭证、结算凭证是否一致。

（2）银行存款业务的手续是否齐备。

（3）银行存款业务的相关凭证与账目是否一致。

（4）银行存款总账与单位相关账目、银行存款余额调节表是否一致。

（五）票据管理控制

1.票据的申领与购买

单位所需票据应向财务、税务等主管部门申领与购买，并按规定使用，严禁使用自行印制、自行购买（在税务部门购买的除外）或除财务主管部门外其他单位代开的票据。

单位应指定专人负责票据申领工作，设立领用票据登记簿，登记时应认真核对领用时间、票据名称、起讫号码，并由领用人签字。

2.票据的使用与保管

出纳人员应严格按照票据监管机构核准的使用范围开具票据，不得超范围使用票据。未按规定使用票据的，会计人员不予入账。

出纳人员必须按照票据的序号签发支票，不得换本或跳号签发；票据填写项目要齐全、字迹要清楚，全部联次要一次复写、打印，内容完全一致；不得随意开具印章齐全的空白支票。发生填写错误的票据应三联同时作废，同时加盖作废戳记。

严禁涂改、挖补、撕毁票据，不得拆本使用票据；作废的机打票据应妥善保管，与存根联一起按票据序号装订成册；各类票据之间不得相互串用、混用，也不得转借、转让、代开票据，不得自行扩大专业发票的使用范围。

出纳人员必须妥善保管好票据，并设立专门的登记簿对票据的购买、领用、注销等内容进行记录，防止空白票据遗失和被盗用。出纳人员调动前，必须办理移交手续，移交不清的禁止调动。

3.票据的遗失处理与核销

若发生票据遗失，应及时到主管部门办理挂失，并书面报告情况，协助有关部门查明原因。由于票据保管不善、丢失或被盗所造成的经济损失，由相关责任人承担。

单位票据的保管期限一般为5年，对超过法定保管期限的，可以组织销毁。票据销毁前需进行清理，并经单位负责人同意后，向票据主管部门提出销毁票据的申请，主管部门审核同意后方能予以销毁。

单位销毁票据时，需由计划财务处、审计处成立3—5人的销毁监督小组，对票据销毁进行监督。待票据销毁后，由全体人员签字，并以小组名义出具监销情况报告，经计划财务处和单位负责人签字后，报送票据主管部门保存备查。

4.票据的监督检查

单位应成立专门的稽查小组，对单位内部票据的使用、保管等工作进行定期、不定期检查。使用票据的单位和个人必须配合检查，如实反映情况和提供资料，不得拒绝、隐瞒。

单位工作人员有下列行为之一的，将按国家相关规定予以处罚。

（1）违规转让、出借、代开票据的。

（2）因保管不善造成票据撕毁、灭失的。

（3）伪造、擅自销毁票据的。

（4）其他违反票据管理规定的行为。

（六）印章管理控制

1.印章的刻制

印章的刻制需取得登记证书后向登记管理机关提出书面申请，经核准后，持同意刻制印章委托书到公安机关办理刻制手续后，才能进行。严禁私自刻制单位印章。

2.印章的使用

新印章（包括更换新印章）需经过单位发文报相关部门备案后，才能启用。新印章启用以后原有印章作废，属上级单位刻制的印章，原印章应该交回上级单位封存或者销毁；属自行刻制的，应移交档案室封存或者销毁。

单位相关人员使用印章时，应填写印章使用申请，说明使用印章的理由、申请人、启用时间等内容。印章使用申请经过单位负责人审批后，连同需要使用印章的文件一同交予会计人员盖章。

会计人员使用印章时应认真核对用印资料，明确用印的内容和目的，确认符合用印手续后方可盖章。若认为不符合规定可拒绝盖章。会计人员不可随便委托他人代取、代用印章，如因特殊原因需由其他人员代用印章，必须指定专人在场监督。

印章的使用应在单位内部进行，不可携带印模外出用印。因特殊原因确需外出用印的，需经财务处负责人同意后方可带出，并在事情办完后即刻送回单位。会计人员不得在空白支票上用印，因特殊原因需盖空白印章的，需经单位负责人批准，并标注份数逐一编号，未用的要全部退回。印章使用申请由会计人员保管，月底汇总后交档案管理人员存档。

3.印章的保管

单位财务印章需由会计人员专人保管，未经授权的人员一律不得接触、使用印章。出纳不得管理印章。

会计人员不得将印章转借他人，否则造成的后果由会计人员负责。应建立用印登记簿，使用印章需履行登记手续，以便备查。印章保管员需认真负责，遵守纪律、秉公办事。印章保管人员出现以下行为的，将视情节严重程度给予行政处分，触犯刑律的移交司法部门依法处理。

（1）对印章保管不善造成印章丢失。

（2）把关不严，用印后造成严重错误和损失等不良后果。

（3）私自留存、使用应予以销毁或上交的印章。

（4）非法使用印章。

印章不慎丢失、被盗、毁损的，应上报计划财务处，并公开声明作废后，按规定程序申请重新刻制。会计人员调动时，必须将保管的印章及相关文件交割，否则不允许调动。

（七）货币资金支付流程控制

1.支付申请

有关部门或个人用款时，应当提前向审批人提交货币资金支付申请，注明款项的用途、金额、预算、限额、支付方式等内容，并附有效原始单据或相关证明。

2.支付审批

货币资金支付应严格履行授权分级审批制度。审批人根据其职责、权限和相应程序对支付申请进行审批，审核业务的真实性、金额的准确性以及申请人提交的票据或者证明的合法性，严格监督资金支付。对不符合规定的货币资金支付申请，审批人应当拒绝批准。对于重要的货币资金支付业务，应当实行集体决策和审批，并建立责任追究制度，防止出现贪污、侵占或挪用资金的行为。另外，单位可根据需要，安排财务人员在审批前先对支付申请进行初步审核，再按规定审批。

3.支付复核

对于货币资金支付申请，应由专人进行复核。复核人应当对批准后的货币资金支付申请进行复核，包括支付申请的批准范围、权限、程序是否正确，手续及相关单证是否齐备，金额计算是否准确，支付方式、支付单位是否妥当等。复核无误后，交由出纳人员办理支付手续。单位不得因审批前已进行初步审核而免除复核程序。单位应当加强货币资金的核查控制，指定不办理货币资金业务的会计人员定期或不定期地抽查盘点库存现金，核对银行存款余额，抽查银行对账单、银行存款日记账及银行存款余额调节表，核对是否账账相符、账实相符。对调节不符、可能存在重大问题的未达账项应当及时查明原因，并按照相关规定处理。

4.办理支付

出纳或资金管理部门应当根据经审批的复核无误的支付申请，按规定办理货币资金支付手续，及时登记库存现金日记账和银行存款日记账。

第三节　对外投资内部控制

一、概念界定

对外投资是指事业单位以购买股票、债券等有价证券的方式，或以现金、实物资产、无形资产等方式向单位或单位以外的其他经济实体进行的投资。按投资的权益属性可划分为股权投资（如股票投资）和债权投资（如债券投资）。

二、对外投资控制的目标

事业单位进行对外投资管理和控制的目标主要有以下几点。

（1）确保国家有关投资及资产管理的法律、法规和单位内部规章制度的贯彻执行。为规范事业单位的投资行为，国家颁布了相关的国有资产管理办法。事业单位的对外投资应符合国家有关规定，以不影响正常事业活动为前提。

（2）维护对外投资资产的安全、完整。要建立对外投资活动的授权批准、岗位分离制度；保证一切对外投资活动，不管金额多少，必须进行可行性论证并经单位领导集体讨论审批。单位在投资时的各种交易手续、程序、文件记录，以及账面数据的反映和财务报告信息的披露等必须符合国有资产管理的有关规定，以减少投资风险，保障国有资产的安全、完整。

（3）确保投资行为的科学性、合理性，提高投资的经济效益。事业单位在作出投资决策之前要对投资项目进行可行性研究：对于股权投资，要进行回收期、回报率、内部收益率、投资风险以及有助于作出投资决策的各种分析，投资规模要与单位资金情况和年度预算相适应，预期投资收益应不低于国内同行业同期平均水平；对于债权投资，要对发行债券机构的财务信用状况和债券的风险情况进行认真的分析与评估，对债券的投资金额、投资期限、内部收益率等，结合单位的资金规模和年度预算进行分析，确保投资成本与收益。

三、对外投资活动的业务流程

按照我国投资及资产管理相关法律、法规的规定，事业单位对外投资应当按照以下程序进行。

（一）提出投资意向

事业单位投资管理部门要根据国家投资法律、法规，国有资产管理的法规，社会需要和单位发展战略等，并结合单位实际情况，合理安排资金投放结构，提出对外投资初步意向。

（二）可行性研究

事业单位投资管理部门应就提出的投资意向或方向进行认真的可行性研究，编制对外投资可行性研究报告，并制订投资方案。例如，对于股权投资，要结合技术水平、市场经济环境、单位拥有的资源及环境产业政策等进行调查研究，通过比较、分析制订具体的股权投资方案，必要时可以聘请有关专业咨询机构协助调研。

（三）单位领导集体论证

由单位领导集体对投资项目的可行性研究报告和投资方案进行论证，决定投资项目是否应当立项。变更投资方案的，应经单位领导集体讨论决定。

（四）报送相关部门审批

对于通过论证的投资项目，单位投资管理部门应准备有关材料，按规定程序报主管部门或政府有关部门进行立项审批。对于股权投资，重点审查投资是否符合（投资）战略规划、是否具备可行性、投资收益能否实现、投资风险是否可控；对于重要的对外投资和投资设立全资或控股单位，需报国家安监总局进行审批；对于债权投资，重点审查拟投资债券是否安全可靠，资金支出是否与单位预算相符，以防范资金风险。

（五）编制并执行投资计划

根据审批通过的投资方案，编制详细的投资计划，落实不同阶段的资金投放数额、投资具体内容及回收情况等，并按程序报经有关部门批准，由专门的工作小组和责任人负责执行。

1.办理投资手续

在股权投资情况下，在办理投资手续之前，以实物资产或无形资产对外投资的，应当进行资产评估。对外投资工作小组或责任人要与其他投资方进行投资谈判，谈判中若投资条件与原计划相比发生重大变化，需报授权人员决策，特别重大的变更需报单位领导集体审议决定。在投资谈判取得一致意见后，草拟投资合同文本报单位负责人审定，并按授权权限由授权人员与其他投资方签订合同。对外投资工作小组或投资管理部门根据投资合同规定的投资金额和期限，及时付款并办理投资手续。

在债权投资情况下，单位依据批准的债权投资计划和方案，将投资列入单位年度资金预算，申请债权投资资金，经部门负责人审核后具体办理债权投资事宜。债权投资需要签订合同的，由财务部门起草合同文本，经法律部门岗位审核、单位负责人批准后，交授权人员签订。财务人员依据审核的投资资金申请和投资合同，办理资金划付手续，并于债券购入当日以单位名义登记。

2.投资管理与核算

在股权投资情况下，投资管理部门应当建立对外投资单位管理档案，财会部门定期分析被投资单位的财务报表。要通过适当方式直接或间接加强对被投资单位的财务管理和监督，认真审核被投资单位的财务资产状况和效益情况，正确核算对外投资收益，合理计提投资减值准备。对所投资的控股子公司，要建立定期报告制度。

在债权投资情况下，出纳人员应负责保管债权投资的各类（债权）凭证，或存放于银行、信托公司和保险公司，财务部门应建立债权投资台账，并定期与被投资单位核对。年末财务部门应根据债券市场情况对债权投资跌价准备提出减值方案，经主管人员审定后上报相关部门审核备案。

3.投资资产处置与收回

在股权投资情况下，到期的投资项目的处置同样要经过相关部门或人员的审批，力求实现国有资产最大的经济收益。财政部门应当对其经济效益、收益分配及使用情况进行监督检查。

在债权投资情况下，单位债权投资因特殊原因需要提前兑付或转让的，应提出提前兑付或转让方案，由负责人审核，金额重大的报领导审批后方可办理。债券投资到期时，财务部门应办理到期债券兑付手续，并正确核算债券本金和利息，保障国有资产的投资收益。

（六）投资活动监督检查

监督检查工作贯穿投资活动的始终，相关部门要重点检查岗位设置是否科学、合理，是否存在不相容职务混岗的现象；分级授权是否合理，投资的授权批准手续是否健全，是否存在越权审批等违反规定的行为；股权投资决策过程是否符合规定的程序；各项资产是否按照投资方案投出；投资期间会计处理以及对外投资权益证书和有关凭证的保管与记录情况，是否真实、完整；投资资产的处置是否符合授权批准程序，资产的回收是否完整、及时，资产的作价是否合理，投资的会计处理是否真实、准确、规范，以防止出现差错和舞弊等情况。

（七）投资活动评价

在投资活动完成后，要对投资对象选择的合理性、技术和经济论证的充分性、出资方式选择的正确性、投资资产价值评估的准确性以及投资管理的及时性等进行客观、公正、合理的评价，以便在之后的投资活动中扬长避短，避免投资损失，保障投资回报。

四、对外投资活动不同环节的风险

事业单位在对外投资各环节中主要会存在以下风险。

（一）提出投资意向环节

部分事业单位风险管理意识不强，对外投资具有很大的随意性，导致存在国有资产流失的风险，大量的国有资产无法实现保值增值的目标。在提出投资意向环节，存在投资意向不切实际，出现盲目投资的风险。因此，投资活动要合理规划、符合实际情况，正确选择投资项目，合理确定投资规模，适当权衡收益与风险，避免盲目投资，尤其是对衍生金融产品的投资要慎之又慎。

（二）可行性研究环节

对外投资是事业单位的一项重要经济活动，所以要在投资可行性论证的基础上进行民主决策、科学决策。在可行性研究环节，存在可行性研究不充分，进而导致决策失误的风险。例如，投资活动的资金需求要与单位的资金持有量相匹配。如果超过了正常的资金承受能力，支付进度与财政预算（包括专项资金收入等）不匹配，往往会导致资金周转困难，进而带来极大的财务风险，损害国有资产的完整性，影响政府信誉。如果为弥补资金缺口而减少正常的公共事业投资，就会给人民群众的生产生活带来负面影响。特别是股权投资，要防范由于对投资相关行业市场情况缺乏了解和发展趋势分析不准确、不合理导致的投资决策失误与投资回报风险。

（三）报送相关部门审批环节

在报送相关部门审批的过程中，一些单位提供的资料不完整甚至提供虚假资料；有的主管部门审批程序不健全，不能达到监督控制的目的，都会导致不良投资的发生。

（四）编制并执行投资计划环节

1.授权审批风险和不相容职务分离风险

授权审批制度是保证投资活动合法性和有效性的重要手段；不相容职务分离制度则通过相互监督与牵制，保证投资活动在严格控制下进行，是防止舞弊的重要手段。没有严格的授权审批制度和不相容职务分离制度，单位的投资就会呈现随意、无序、无效的状态，导致投资失败。因此，授权审批制度和不相容职务分离制度是投资活动内部控制、防范风险的重要手段。同时，还应建立严密的责任追究制度。

2.投资资产保管风险

对外投资是直接使用资金的行为，也是形成资产的过程。如果管理不善，容易发生各种违法行为，造成国有资产的流失。除严密的授权审批制度和不相容职务分离制度外，严密的投资资产保管制度也是避免投资风险、保证投资成功的重要手段。事业单位应建立严密的资产保管制度，明确保管责任。

在股权投资中，以实物资产和无形资产投资时，要防范资产评估结果不实导致股权权属降低的投资风险；防范合同条款违法违规、文本不规范及授权不明或不当导致的法律和投资损失风险；防范对被投资单位管理控制不力导致的投资损失风险。

在债权投资中，要防范债权投资凭证密码单人管理或债权投资不实导致的会计舞弊和投资损失风险，防范不履行规定的资产清查程序导致的投资损失风险。

3.会计处理风险

对外投资活动的会计处理复杂，容易发生舞弊行为。因此，事业单位应建立健全账簿体系，严格账簿记录，通过账簿记录对投资资产进行详细、动态的反映和控制。

在股权投资中，要防范股权投资核算不完整、不真实导致的财务信息失真风险，防范对外投资减值准备计提不及时、不准确导致的财务信息失真和投资决策及管理失误风险。

在债权投资中，要防范债权投资核算不及时、不完整、不真实导致的财务信息失真风险，防范债权投资账面价值未能真实反映导致单位资产不实的风险。

4.投资处置与回收风险

要重视投资到期本金的回收，由于各种有价证券可以在证券交易所和其他各种场外市场自由买卖，证券持有人可以随时委托证券经纪人或交易商卖出证券，所以，为防止从事投资交易的直接人员利用职务便利私自买卖证券以谋取私利，确保单位对外投资的资产安全、完整，投资资产转让控制显得尤为重要。

此外，事业单位对外投资的目的是在保持国有资产保值的前提下获得对外投资收益，保持国有资产的增值。部分事业单位对外投资一投了之，既不在会计核算上反映投资收益，也对投资项目的经营管理缺乏应有的重视。有的投资项目经营管理不善导致出现亏损，投资无收益，造成国有资产流失，进而存在对外投资无收益的风险。

五、对外投资活动内部控制的相关策略

事业单位应当根据国家有关规定加强对对外投资的管理，合理设置岗位，明确相关岗位的职责权限，确保对外投资的可行性研究与评估、对外投资的决策与执行、对外投资处置的审批与执行等不相容职务相互分离。事业单位在对外投资活动中可以采取的相关策略如下。

（一）不相容职务相互分离控制

（1）建立对外投资业务的岗位责任制。

（2）对外投资业务的不相容职务相互分离、相互制约。不相容职务有：对外投资预算的编制与审批，对外投资项目的分析论证与评估，对外投资的决策与执行，对外投资处置的审批与执行，对外投资业务的执行与相关会计记录。具体来说包括：投资计划的编制人、可行性论证人与计划审批人应当分离；证券投资的购买人、出售人与相应的会计记录、核算人应当分离；股票、债券的保管人与负责股票、债券交易的经手人应当分离；股票、债券的保管人与盘点人应当分离；以固定资产、无形资产对外投资的，投资项目的管理人与参与监控的财务人员等应当分离。

（二）授权审批控制

（1）投资决策的作出、投资合同的签订、投资资产的处置等必须履行严格的审批手续。明确审批人的授权批准方式、权限、程序、责任及相关控制措施，规定经办人的职责范围和工作要求。

（2）严禁未经授权的部门或人员办理对外投资业务。单位任何人无权独立作出重大投资决策。任何未经授权批准的投资行为，无论该种行为是否造成经济损失，都应当受到调查和追究。经过授权的人员，必须在授权范围内开展和执行业务，任何越权行为都必须受到追究。

（3）制定对外投资业务流程，明确投资决策、投资执行、投资持有、对外投资处置等环节的内部控制要求，如实记录各环节业务开展情况。

（三）对外投资立项控制

（1）加强对外投资预算的管理，保证对外投资预算符合国家产业政策、单位发展战略要求和社会需要。

（2）应考虑对外投资的品种、行业、时间及预计的投资收益，对要投资的项目进行充分调查并收集相关信息，对已收集到的信息进行分析、讨论，并对被投资单位的资信情况进行调查或实地考察，报审批部门决定是否立项。

（3）单位可授权投资管理部门或委托其他相关单位的中介机构或中介人对

已立项的对外投资项目进行评估，主要是评估该投资项目对内、对外的相关风险，比较并选择投资方案，提出对外投资建议，使对外投资风险降到最低程度。

（4）对重大投资项目进行可行性研究。财会部门应对投资项目所需资金、预期现金流量、投资收益以及投资的安全性等进行测算和分析，不能局限于某一时点或某几个时点，而是要评价投资项目有效性在一定时期内能否持续发挥作用。

（5）建立对外投资决策及实施的责任制度。单位对外投资，应当由单位领导班子集体研究决定。重大投资项目决策实行集体审议联签。

（四）对外投资的投放与管理控制

加强对投资项目的追踪管理，及时、全面、准确地记录对外投资的价值变动和投资收益情况。

（1）在选择了最优投资方案后，编制投资计划，严格按照计划确定的项目、进度、时间、金额和方式投出资产。对于提前或延迟投出资产、变更投资额、改变投资方式、中止投资等情况，应当经决策机构审批。

（2）在股权投资中，需要签订合同的，应先进行谈判并经审查批准后签订投资合同。相关谈判需由两人以上参加。股权投资要指定专门部门或人员对投资项目进行跟踪管理，及时掌握被投资单位的财务状况和经营情况；被投资单位召开董（监）事会或股东会，投资单位应事前进行认真研究，并经领导集体审议形成一致意见后，委派董（监）事长或董事、监事以及其他人员参加，相关人员要及时向领导和主要负责人汇报被投资单位的一些重大投资、经营事项和问题。

（3）债权投资要及时关注发行债券单位的财务信用状况和投资债券的风险情况。

（4）加强对投资收益收取的控制，及时、足额收取投资收益。每月最后一个工作日由出纳或两位保管人员，与债权核算岗位人员共同完成债权凭证的清查盘点工作，填写债权凭证盘点明细表，逐一与债权投资台账、明细账核对，同时债权核算岗位人员核对债权投资总账和明细账。

（5）加强对外投资有关权益证书的管理，指定专门部门或人员保管权益证书，建立详细的记录。财会部门与相关管理部门和人员应定期核对有关权益证书；由两位非债权投资核算人员分别保管领取债权凭证的密码和钥匙，存取债权凭证必须由两位保管人员经财会部门负责人批准后共同完成，填写存取记录，并由经手人签字。

（6）加强对外投资业务的会计核算，严禁账外设账。由于对外投资资产的价值会受到各种因素的影响而经常变动，为及时、总括地反映对外投资购入、处置、结存情况，在财务部门设置对外投资总账的基础上，投资部门或其他相关部门还应根据投资业务的种类、时间先后分别设立对外投资明细登记簿，定期或不定期地进行对账，确保投资业务记录的正确性，防止个别人员为了达到某种目的而不择手段地故意歪曲对外投资资产的真实价值。

（五）对外投资的处置控制

（1）投资收回的资产，应及时、足额收取；提前或延期收回对外投资的，应经集体审议批准。

（2）转让、核销对外投资的，应经集体审议批准。在股权投资中，核销对外投资应取得因被投资单位破产等不能收回投资的法律文书和证明文件。

（3）正确进行对外投资资产处置的相关会计处理，保证收回资产的安全和完整。

（4）加强对审批文件、投资合同或协议、投资计划书、对外投资处置文件等资料的管理。

（六）对外投资的监督检查控制

事业单位的对外投资应建立责任追究制度，以完善对外投资的监督检查控制。对在对外投资中出现重大决策失误、未履行集体决策程序和不按规定执行对外投资业务的部门及人员，应当追究相应的责任。

（1）定期由专门机构或者指定专门人员负责检查对外投资业务相关岗位及人员配备情况。

（2）定期检查对外投资业务授权批准制度的执行情况。

（3）定期检查对外投资业务的决策情况。

（4）定期检查对外投资资产的投出情况。

（5）定期检查对外投资持有资产的管理情况。

（6）定期检查对外投资的资产处置情况。

（7）定期检查对外投资的会计处理情况。

（七）对外投资的评价控制

（1）事业单位应对投资执行情况进行总体评价，然后写出评价报告，对涉及会计工作的各项经济业务、内部机构和岗位在对外投资内部控制上存在的缺陷提出改进建议。

（2）对执行对外投资内部控制制度成效显著的内部机构和人员提出表彰建议，对违反内部控制制度的内部机构和人员提出处理意见。

（3）聘请中介机构或相关专业人员对本单位对外投资内部控制制度的建立健全及有效实施进行评价。接受委托的中介机构或相关专业人员，应当对委托单位已建立的对外投资内部控制制度存在的重大缺陷提出书面检查报告，最终促使事业单位对外投资内部控制制度日益完善。

第四节　实物资产内部控制

一、概念界定

事业单位实物资产主要包括房屋及建筑物、专用设备、一般设备、文物和陈列品、图书、办公用品和低值易耗品等。

二、实物资产内部控制的目标

要做好实物资产内部控制，必须要有明确的目标。

（1）确保单位实物资产的取得依据充分、适当，决策和审批程序明确。

（2）确保单位实物资产的取得、验收、使用（领用）、维护、盘点、处置和转移等环节的控制流程清晰，对实物资产的购置（投资）预算、供应商的选择、验收使用、维护保养（保管）、内部调剂、盘点、重要材料物资的接触条件以及报废处置的原则及程序有明确的规定，以促进实物资产各环节运营效率的提高。

（3）避免单位实物资产的流失或浪费，有效维护实物资产的安全、完整。

（4）确保单位实物资产能够得到合理配置和有效利用。

（5）确保单位实物资产的价值核算、处置等会计处理方法符合国家统一会计制度的规定。

（6）为单位的健康发展提供基本物质条件和经济保证。

三、实物资产内部控制的要点

要加强实物资产管理、提高管理效率，首先必须明确实物资产内部控制的要点。

（1）实物资产中的固定资产由于价值比较大，购置选择必须慎重，且固定资产往往具有不可替代性和专用性，所以其管理的技术能力要求也较强，需要由内行的、责任心强的专职人员来管理，并落实责任制，以保证出现问题后能将责任追究到底，彻底解决。

（2）实物资产内部控制需要事业单位各部门的全力支持与通力协作。实物资产应用于事业单位运行的各个环节，故对其管理也应贯穿于事业单位运行的始终；对其维护和管理不仅是专职人员的义务，所有相关部门必须共同参与，这样才能全面保证管理质量和使用效率。

（3）因每项实物资产都有不同的用途并且种类繁多，实物资产的会计核算比较具体而又复杂，方法较多、针对性强，因此工作量比较大，对会计人员的职业技能要求也较高。

四、实物资产内部控制的基本业务流程

实物资产内部控制的基本业务流程通常可以分为实物资产的取得、实物资产的日常维护、实物资产的更新改造、实物资产的处置等环节。事业单位应当根据单位特点，分析、归纳、设计合理的业务流程，查找内部控制的薄弱环节，健全全面风险管理控制措施，保证实物资产安全、完整、高效运行。

（一）实物资产的取得

实物资产的取得方式一般有外购、自行建造、接受捐助、其他单位无偿划拨转入、非货币性资产交换换入等。一般情况下，实物资产取得的流程应当以预算作业为起点，包括请购程序、采购程序和验收入库程序。

（二）实物资产的日常维护

实物资产的日常维护主要是指实物资产的使用和运行维护，包括日常维修和保养。

（三）实物资产的更新改造

实物资产的更新改造是指以新的实物资产替换到期报废的旧的实物资产，或以新的技术装备对原有的技术装备进行改造，一般分为部分更新和整体更新两种方式。

（四）实物资产的处置

实物资产因不能继续使用或不合格而处置，包括使用期满正常处置和使用期未满非正常处置两种情况。

五、实物资产内部控制不同环节的风险

实物资产内部控制的风险主要存在于事业单位运营过程中，对实物资产更新改造不够、使用效能低下、维护不当，可能导致资产价值贬损、安全事故频发或资源浪费的风险。根据实物资产内部控制的基本业务流程，可以得知不同环节的风险主要体现如下。

（一）实物资产预算管理环节

实物资产预算管理环节的风险主要是：因可行性分析不到位、预算不当、预算不严而造成项目搁置或是重复浪费；没有编制预算或者没有按照资产购置标准编制购置预算，缺乏资产使用现状作为购置依据。

（二）实物资产采购环节

实物资产采购环节的风险主要是因授权审批制度不健全、岗位分工不合理而产生舞弊行为的风险。

（三）实物资产验收入库环节

实物资产验收入库环节的风险主要是：新增实物资产验收程序不规范，可能导致资产质量不符合要求，进而影响资产运行效果；实物资产登记内容不完整，可能导致资产流失、资产信息失真、账实不符；验收报告未能及时编制和科学审核。

（四）实物资产领用环节

实物资产领用环节的风险主要是：领用单的填制和审批，以及领用后资产使用部门的登记和卡片管理；未按标准执行或执行不严格。

（五）实物资产日常使用维护环节

实物资产日常使用维护环节的风险主要是：实物资产因保管不善、操作不当引起的被盗、毁损、事故等；固定资产失修或维护过剩，可能造成资产使用效率低下、资源浪费；因长期闲置造成资产毁损，失去使用价值；未及时办理保险或投保制度不健全，可能导致应投保资产未投保、索赔不力，从而不能有效防范资产损失风险。

（六）实物资产内部调剂环节

实物资产内部调剂环节的风险主要是：实物资产调拨单的编制、审核与确认未按标准执行或执行不严格，尤其是接受实物资产的资产管理责任人对调入资产的确认未按标准执行或执行不严格。

（七）实物资产更新改造环节

实物资产更新改造环节的风险主要是：固定资产更新改造不够，可能导致资产老化，影响单位工作效率。

（八）实物资产报废淘汰及处置环节

实物资产报废淘汰及处置环节的风险主要是：实物资产估值不准确；实物资产报废处置方式不合理、不规范，可能造成国有资产损失；处置方案、报告的编制和审核未按标准执行或执行不严格。

（九）实物资产清查盘点环节

实物资产清查盘点环节的风险主要是：实物资产丢失、毁损造成账实不符或资产贬值严重；清查方案的编制和审核、清查报告的编制和审核，以及盘盈、盘亏处理未按标准执行或执行不严格。事业单位应当建立实物资产清查制度，至少每年全面清查，保证实物资产账实相符，并及时掌握资产的使用情况和市场价值。实物资产清查中发现的问题，应当查明原因，追究责任，妥善处理。

六、实物资产内部控制的主要策略

事业单位应当建立健全对实物资产的内部控制，明确相关部门和岗位的职责权限，强化对购置、保管、领用、登记、清查盘点和处置等关键环节的管控。无论是在实物资产的取得、验收环节，还是在运行维护和清查盘点等环节，都应当着重关注授权审批控制、归口管理控制、岗位分工控制和关键业务环节控制。

（一）授权审批控制

事业单位应当建立实物资产业务的授权审批制度，明确授权审批的方式、程序和相关控制措施，规定审批人的权限、责任以及经办人的职责范围和工作要求。严禁未经授权的机构或人员办理实物资产业务。审批人应当根据实物资产业务授权批准制度的规定，在授权范围内进行审批，不得超越审批权限。经办人在职责范围内，应按照审批人的批准意见办理实物资产业务。对于审批人超越授权范围审批的实物资产业务，经办人有权拒绝办理，并及时向上级部门报告。

（二）归口管理控制

对资产实施归口管理应明确资产使用和保管责任人，落实资产使用人在资产管理中的责任。贵重资产、危险资产、有保密等特殊要求的资产应当指定专人保管、专人使用，并规定严格的接触限制条件和审批程序。单位应当按照国有资产管理的相关规定，明确资产的调剂、租借、对外投资、处置的程序、审批权限和责任，并借助专业的资产评估机构对资产价值进行评估。

（三）岗位分工控制

事业单位应当建立实物资产业务的不相容岗位和职务分离制度，明确相关部门和岗位的职责、权限，确保办理实物资产业务的不相容岗位相互分离、制约和监督。不得由同一部门或同一人办理实物资产的全过程业务。此类不相容的岗位和职务包括：实物资产购置与投资预算的编制，实物资产的请购与审批、审批与执行，实物资产的采购、验收与款项支付，实物资产投保的申请与审批，实物资产处置的申请与审批、审批与执行，实物资产的取得、保管与处置业务的执行。

（四）关键业务环节控制

1.实物资产预算管理环节

实物资产预算管理环节的控制策略主要有以下几项。

（1）实物资产的预算编制应由资产管理部门会同相关部门审核实物资产存量，核实使用人及其相关信息，提出拟购置资产的品名、规格、数量，测算经费额度，进行充分论证后编制资产购置预算。预算经本单位主管领导审查批准，报上级主管部门审批，编入单位年度预算。

（2）依据资产的配置和购置标准由资产使用部门、财务部门、资产管理部门的人员共同编制实物资产预算，杜绝数量与单价的超标购置，减少预算错误发生的可能性。

（3）对于重大的固定资产投资项目，应当考虑聘请独立的中介机构或专业人士进行可行性研究与评价，并由事业单位实行集体决策和审批，防止出现决策失误而造成严重损失。

（4）对于单价较高或批量较大的实物资产预算项目，需要填报详细的文字资料，经单位负责人和同级财政部门审核后，按需要和可能列入单位预算。

（5）在实物资产支出预算编制中，应统筹兼顾、确保重点，在保证单位合理需要的前提下，妥善安排各项预算支出。

（6）实物资产年度预算由计划财务处提出，经单位负责人审阅后，报主管单位审批后执行。

（7）在预算执行过程中，因突发事件、政策调整等对实物资产的预算执行影响较大，确需对预算进行调整的，应按照相关程序经批准后予以调整。

2.实物资产请购与审批环节

实物资产请购与审批环节的控制策略主要有以下几项。

（1）固定资产的请购和审批。固定资产请购部门提出请购申请，提交固定资产请购单，请购单上应详细填写拟购买固定资产的名称、规格、型号、性能、预算金额以及购置原因等相关内容。请购单经使用部门负责人签字确认后提交资产管理部门。资产管理部门依据请购单对本单位的固定资产进行查核，若经查核无法调配，由资产管理部门组织单位相关部门进行技术经济论证，论证结束后，经资产管理部门负责人签字、上报单位主管领导或同级财政部门审批。经主管领导或同级财政部门审批通过后，由资产管理部门统一组织购买（纳入政府采购范围的，执行政府采购的有关规定）。对于一般固定资产的采购，应由资产管理部门充分了解和掌握供应商情况，采取比质、比价的办法确定供应商；对于重大的固定资产采购，应采取招标方式进行。

（2）低值易耗品的请购和审批。低值易耗品应由使用部门提交申请，填写低值易耗品请购单，请购单经本部门负责人签字后提交资产管理部门审批。资产管理部门批准后，到财务部门办理借款手续，分批分期进行购置。低值易耗品应严格按照请购单所列的规格、数量、品牌、价格购买，确保货真价实、保质保量。使用部门急需、零星、专用物品，经资产管理部门同意后，可由本部门自行购置。

3.实物资产验收环节

事业单位应当建立严格的实物资产交付使用验收制度，确保实物资产的数量、质量等符合使用要求。实物资产交付使用的验收工作由实物资产管理部门、使用部门及相关部门共同实施。

（1）固定资产验收。事业单位外购固定资产，应当根据合同协议、供应商发货单等对所购固定资产的品种、规格、数量、质量、技术要求及其他内容进行验收，出具验收单或验收报告。验收内容主要包括固定资产的品种、规格、型号、数量与请购单是否相符，运转是否正常，使用状况是否良好，有关技术指标是否达到了合同规定的要求等。验收合格后方可投入使用。外购固定资产验收不合格的，使用部门应协同资产管理部门按合同规定的条款及时向供应商退货或索赔。

事业单位自行建造的固定资产主要是工程项目，应由制造部门、实物资产管理部门、使用部门共同填制固定资产移交使用验收单，验收合格后移交使用部门投入使用。

事业单位应当考虑固定资产的状况，根据其性质和特点确定并严格执行固定资产的投保范围与政策。投保金额应适当，与投保项目匹配；对应投保的固定资产项目按规定程序进行审批，办理投保手续。对于重大固定资产项目的投保，应当考虑采取招标方式确定保险人。已投保的固定资产发生损失的，及时调查原因及受损金额，向保险公司办理相关的索赔手续。

对验收合格的固定资产应及时办理入库、编号、建卡、调配等手续，以确保固定资产的有效识别与盘点。参与验收的各类人员，应于验收工作完成后在验收单上签字，以落实验收责任。

对国家投入、接受捐助、单位合并、非货币性资产交换、其他事业单位无偿划拨转入以及以其他方式取得的固定资产，均应办理相应的验收手续。

对经营租入、借入、代管的固定资产应设立登记簿记录备查，避免与本单位其他资产混淆，并在使用结束后及时归还。

（2）低值易耗品验收。低值易耗品在交付使用前必须先入库，在入库时组织验收。验收时必须进行质量检查，若发现问题，应立即按照有关规定向供货单位提出，并及时办理退、补、赔手续。

验收合格后，资产管理人员应按规定填写入库单，经资产管理部门负责人审核签字后，到计划财务处办理报账手续。

4.实物资产领用环节

实物资产领用环节的控制策略如下。

（1）实物资产使用部门填写领用单，注明领用理由、领用资产的用途等内容，并经使用部门负责人、单位主管领导签字确认后，提交给资产管理部门。

（2）资产管理部门根据收到的领用单，决定是否允许资产使用部门领用实物资产，并报计划财务处登记备案。

（3）资产使用部门领用资产以后，应及时登记在用实物资产。

5.实物资产内部调拨环节

实物资产内部调拨环节的控制策略如下。

（1）对于单位内部的实物资产调拨，实物资产调入部门应填写“实物资产内部调拨单”，明确实物资产的名称、编号、调拨时间等，由实物资产调出部门签字后，交资产管理部门审核。

（2）对于跨部门的实物资产调拨，双方应报上级主管部门审核。若单位为实物资产调出方，需报同级财政部门审批，并附实物资产调入方的上级主管部门同意调拨的相关文件。

（3）对于跨级次的实物资产调拨，若为上级部门将实物资产调拨给下级单位，下级单位应提供其主管部门和财政部门同意接收的相关文件，由本单位报同级财政部门审批后进行调拨；若单位作为下级部门接受上级部门调拨的实物资产，需经主管部门和同级财政部门审批后，办理实物资产调拨手续。实物资产调拨的价值应当由事业单位的财会部门审核确定。事业单位应建立资产信息管理系统，做好资产的统计、报告、分析工作，实现资产的动态管理。

6.实物资产日常管理环节

实物资产日常管理环节的控制策略如下。

（1）事业单位应加强实物资产的日常管理工作，授权具体部门或人员负责实物资产的日常使用与维修管理，保证实物资产的安全与完整。贵重或危险的实物资产以及有保密等特殊要求的实物资产，应当指定专人保管、专人使用。

（2）事业单位应当定期或不定期地检查实物资产明细及标签，确保具备足够详细的信息，以便对实物资产进行有效识别与盘点。

（3）实物资产的移动应当得到授权。

（4）事业单位应根据国家及行业的有关要求和自身经营管理的需要，确定实物资产的分类标准和管理要求，并制定和实施实物资产目录制度。

7.实物资产的维修、保养制度

事业单位应当建立实物资产的维修、保养制度，保证实物资产的正常运行，提高实物资产的使用效率。

（1）实物资产使用部门及管理部门应建立实物资产运行管理档案，并据以制订合理的日常维修和大修理计划，由主管领导审批。

（2）实物资产使用部门负责实物资产的日常维修、保养，应定期检查，及时消除风险。实物资产需要大修理的，应由财务部门、实物资产管理和使用部门共同组织评估，提出修理方案，经单位负责人或授权人员批准后按规定程序安排修理。

（3）实物资产的更新改造应组织相关部门进行可行性论证，审批通过后予以实施。

8.实物资产的定期盘点制度

事业单位应当定期对实物资产进行盘点，实物资产定期盘点环节的控制策略如下。

（1）建立资产台账，加强对实物资产的管理。单位应当定期清查盘点资产，确保账实相符。财务部门、资产管理部门、资产使用部门等应当定期对账，发现不符的，应当及时查明原因，并按照相关规定处理。

（2）由资产清查小组对本单位拥有的实物资产进行清查，根据盘点结果填写实物资产盘点表，并与账簿记录核对。出现账实不符，实物资产盘盈、盘亏情况时，应编制实物资产盘盈、盘亏表，并在此基础上完成清查报告，报请清查小组负责人签字确认。

（3）按照管理权限上报使用部门、资产管理部门及单位主管领导核准后，由计划财务处进行账务处理，固定资产清理结果上报同级财政部门。

（4）事业单位应至少在每年年末由实物资产管理部门和财会部门对实物资产进行检查、分析，包括定期核对实物资产明细账与总账，并对差异进行及时分析与调整。

（5）对于未使用、不需用或使用不当的实物资产，实物资产管理部门和使用部门应当及时提出处理措施，报事业单位授权部门或人员批准后实施。

（6）对于封存的实物资产，应指定专人负责日常管理，定期检查，确保实物资产安全、完整。

9.实物资产的处置与转移控制制度

事业单位应区分实物资产不同的处置方式，采取相应控制措施，确定实物资产处置的范围、标准、程序和审批权限，保证实物资产处置的科学性。

（1）对使用期满、正常报废的实物资产，应由实物资产使用部门填制实物资产报废申请单，经事业单位授权部门或人员批准后对该实物资产进行报废清理。

（2）对使用期限未满、非正常报废的实物资产，应由实物资产使用部门提出报废申请，注明报废理由、估计清理费用和可回收残值、预计出售价格等。事业单位应组织有关部门进行技术鉴定，按规定程序审批后进行报废清理。

（3）对拟出售或投资转出的实物资产，应由有关部门或人员提出处置申请，对实物资产的价值进行评估，并出具资产评估报告；同时列明该项实物资产的原价、预计使用年限、已使用年限、预计出售价格或转让价格等，报经事业单位授权部门或人员批准后予以出售或转让。

（4）实物资产的处置应由独立于实物资产管理部门和使用部门的其他部门或人员办理。实物资产的处置价格应报经事业单位授权部门或人员审批后确定。对于重大的实物资产处置，应当采取集体合议审批制度，建立集体审批记录并聘请财政部门指定的具有资质的中介机构进行资产评估。实物资产处置涉及产权变更的，应及时办理产权变更手续。

10.实物资产清查管理制度

事业单位应定期或不定期地对实物资产进行清查盘点，至少应当于每年年末对单位的实物资产进行全面清查，以确保账、卡、物相符。清查程序如下：由单位负责人、财务人员、资产管理处相关人员组成资产清查小组，具体负责清查工作；由资产清查小组对本单位的实物资产进行清点，填写实物资产清查盘点表；将盘点项目内容和固定资产台账、低值易耗品及库存物资台账进行核对，填写实物资产清查盘亏/盘盈表，并在此基础上完成清查报告，报请清查小组负责人签字确认；按照管理权限报请使用部门、资产管理部门及单位主管领导核准后，由财务部门进行账务处理。清查报告应写明实物资产的清查盘点结果、存在的问题及改进措施等内容，对盘盈、盘亏的实物资产务必分别逐项说明产生的原因，并提供相应的证明材料，提出处理意见。清点后的实物资产不得随意变更存放地点，如确实需要变更，需向清查小组提交变更申请，经批准后方可变更。

11.实物资产处置转移记录控制

实物资产的调拨、出租、出借、对外投资、处置等必须符合国有资产的管理规定，按照规定的程序和权限报批后执行，并及时进行账务处理。出租、出借、对外投资实物资产的合同副本应当交存财会部门备案。

为了解决事业单位固定资产内部控制中存在的上述问题，确保事业单位固定资产的真实、完整，杜绝可能发生的违纪、违规行为，建议采取以下措施：建立事业单位资产管理责任机制，实行单位主要领导为全面责任人、分管领导为主要责任人、使用部门负责人为直接责任人的三级管理责任制，明确相关责任人的职责范围，将资产管理责任落实到人，定期考核责任履行情况。

将事业单位国有资产管理作为组织部门考核领导干部政绩的一项重要内容，促使各单位“一把手”充分认识到管好、用好国有资产的重要性，建立健全固定资产购建、保管、使用、维护和盘存等制度，把国有资产管理作为一项重要内容列入本单位工作目标。

加大执法检查和监督力度，国有资产管理部门和经济监督部门要把事业单位固定资产的真实完整与保值增值作为监督的重点，及时发现问题、分析问题、解决问题，促进事业单位强化内部管理、完善内控制度、建立健全自我约束机制。

第九章

事业单位建设项目控制

第一节 不相容岗位分离与岗位职责

《行政事业单位内部控制规范（试行）》明确规定，单位应当建立健全建设项目内部管理制度，合理设置岗位，明确内部相关部门和岗位的职责与权限，确保办理建设项目业务的不相容岗位相互分离、制约和监督。

一、不相容岗位的分离

在建设项目管理中，一些业务或管理环节在客观上存在着相互制约和监督的关系，因此，这些管理环节上的岗位设置应该遵守不相容岗位分离的原则，即岗位设置、岗位之间的职责与权限需要相互分离以确保项目业务办理中形成相互制约与监督的关系，从而确保项目决策的合理性和项目执行的有效性，避免出现舞弊和错误等各种问题。

在一般建设项目业务中，不相容的岗位主要包括：项目建议、可行性研究与项目决策，项目概预算编制与审核，项目实施与价款支付，项目竣工决算与竣工审查，等等。

首先，将负责对投资机会进行选择、提出项目建议书并进行可行性研究的岗位与负责项目决策的岗位进行分离，这样可以在一定程度上保证项目决策的合理性，防止项目决策中出现舞弊行为。

其次，分别设置专门的岗位来编制建设项目概预算和对概预算进行审核，合理确定建设项目产品的计划价格，并提高建设项目概预算编制水平。建设项目概预算是根据设计文件和国家、地区、主管部门的有关规定及颁布的定额、指标和取费标准等，计算新建、扩建、改建和重建建设项目造价的文件。从本质上来说，它是合理确定建设项目价格的工具，也是项目实施的重要参照依据，因此必须设专人负责。同样，建设项目概预算的审核是对建设项目概预算编制的合理性、合法性的监督与检查，是促使建设项目概预算编制水平提高的重要手段，因此也必须设置专门的岗位，由专人负责此项工作。

再次，项目实施与价款支付岗位分离。按照《企业内部控制应用指引第11号——工程项目》的要求，业务经办人员、货币资金支出的审批人员与货币资金支付人员这三者之间的岗位应当相互分离，这样才能防止货币资金支付中的舞弊行为。而具体到建设项目循环来说，负责项目实施的人员不能同时负责价款的审核与支付；否则，很容易产生工程价款支付的紊乱，给单位造成不必要的经济损失。

最后，项目竣工决算与竣工审查岗位分离。竣工决算可以综合、全面地反映项目的建设成果和财务情况，是建设单位向生产、使用单位办理交付使用资产的主要依据，也是建设单位向主管部门、计划部门报账的依据。通过竣工决算工作，可以全面考核竣工建设项目的计划、概算、预算执行情况，分析投资效益。而竣工决算的审查，则可以查明竣工决算的真实性、合规性、合法性、正确性和有效性等，促进工程及时投产或投入使用，发挥投资效益。因此，为了保障竣工决算和竣工审查各自效果的发挥，必须由不同的人员负责竣工决算与竣工审查。

二、建设项目组成员的岗位职责

事业单位应当建立建设项目的岗位责任制，明确相关部门和岗位的职责与权限。以一个中等规模的建设项目为例，建设项目组成员除项目经理外，一般还包括项目工程师、项目控制经理、项目进度计划师、项目费用控制工程师、项目设计经理、项目采购经理、项目施工经理等职位，这些职位具有不同的职能、责任和权限。

（一）项目经理

项目经理是项目的领导人，主要负责项目的指挥和项目的执行。其主要的职责如下。

（1）组织工程工作。项目经理应挑选好工程班子，并明确其中关键成员的权力和责任范围，协调好班子内部以及项目班子与业主之间的关系。

（2）安排工程计划。制订明确的工作范围、工程进展计划和工程费用估算，并引导参与该项工程的所有人员按照这些目标完成各自的工作。

（3）负责工程项目的控制。项目经理应制订完善的控制作业计划，对实际工程进度、工程费用和工程质量进行不断的监测，并与预期的目标相对比，以便及时发现问题，并对问题采取必要的纠正措施。

（4）监督各方面工程活动的进行。例如，单位职能部门是否及时提供了必要的情报资料，各专业以及各有关人员之间是否建立起有效的工作关系等。

（二）项目工程师

对于一个大型的建设项目，常常需要设置若干项目工程师，他们在项目经理的直接领导下分别负责一个工区内的设计、采购，以及施工方面的组织和协调工作，在其所负责的工区范围内，行使项目经理的职权。

通常情况下，项目工程师的主要职责包括以下几个方面。

（1）积极与业主进行沟通，并配合业主确定所采用的工艺流程，取得业主对单位编制的有关技术文件的认可。

（2）组织设计部门编制工艺流程图和总布置图。

（3）组织制定全部的相关工艺设备技术规定。

（4）向设计部门提出设计技术规定和大部分施工技术规定的编制委托，并对其成果进行审查。

（5）审查设计图纸，了解工程费用的趋势。

（6）与费用工程师和估算师一道对设计方案和施工方案的经济性、可行性进行优化。

（7）负责提出设备订货申请和取得必要的技术资料，以便形成完整的设备采购招标文件。

（8）与施工和设计部门共同研究，确定工程分包合同。

（9）审查设计与采购部分就投标文件所提出的分析意见，并拟定授标建议书。

（10）审查工程费用估算部门提供的编制工程估算所需的草图、图纸，有关的标准、规范等资料，并对估算结果进行审查。

（11）协调设计、采购与施工部门的工作，使设计部门及时得到其所需要的设备资料、施工部门及时得到其所需要的施工图纸，并对工程进度计划进行审查。

（12）负责月进度付款报告以及最终付款报告的审核。

（三）项目控制经理

项目控制经理的主要职责是在项目经理领导下，在项目进度计划师、项目估算员、项目费用控制工程师等人员的辅助下对项目的控制程序进行编制和实施。其具体职责如下。

（1）监督和协调设计、采购和施工之间的关系。

（2）对工程进行分解，建立工程单项，作为工程管理工作中的基本控制单元。

（3）建立工程费用估算，并据以进行费用控制。

（4）编制工程进度计划，并据以进行项目进度的控制。

（5）结合工程实际进展情况，不断修订工程估算及进度计划。

（6）综合分析进度计划、估算、费用控制以及工程会计方面的统计资料等，为编制工程管理月报提供必要的资料。

（7）其他有关工程控制方面的工作。

（四）项目进度计划师

项目进度计划师主要负责编制工程的进度计划，并监督其执行情况。在大型工程中常设项目总进度计划师，下面再设若干进度计划师。一般情况下，项目进度计划师对项目控制经理负责，其主要职责如下。

（1）根据项目的特点，筛选适合于本建设项目的进度计划系统，并制订相应的计划准则。

（2）在确定性估算的基础上，提出初步的进度计划，编制项目总进度计划。

（3）根据工程估算和进度计划绘制整个工程的人力负荷曲线，并协助编制费用支付计划。

（4）审查分包商提出的工时进度计划、开工和竣工日期以及进度付款计划，并将审查意见上报给项目控制经理和项目经理。

（5）将经过双方同意的分包商施工进度计划纳入项目总进度计划，并据此制订现场进度控制计划。

（6）根据现场控制进度计划，分别制订各项分包合同以及各工种的人力负荷曲线和实物进度计划。

（7）根据设备供应商提供的设备制造及供货日期制成图表，并对主要设备的合同执行情况进行监督。

（五）项目费用控制工程师

项目费用控制工程师主要负责制定和贯彻执行费用控制体系，及时发现工程费用偏离预算的任何倾向。项目费用控制工程师对项目控制经理负责，其主要职责如下。

（1）依据项目进度计划编制工程费用逐月支付计划。

（2）协助项目工程师审查和评价分包商投标文件中的工程进度与工程费用。

（3）对照合同，审查分包商提出的进度付款报告，进行编号和登记并与工程预算对比。

（4）对工程费用的发展趋势进行分析，并对偏离工程预算的任何倾向提出意见。

（5）负责工程费用月报表的编制。

（六）项目设计经理

项目设计经理的主要职责如下。

（1）在项目工程师的协助下，与工艺、操作、采购、施工、项目管理和业主的工程师等进行协调，组织进行设计工作。

（2）负责审核和批准关键设计文件、工程设计统一规定和制造厂报价的技术评价。

（3）负责设计工作的技术质量，保证设计进度与预算。

（4）主持设计进展情况会议，负责对涉及多项专业问题的技术审核。

（5）在设计方面，协助项目经理处理好与业主之间的问题。

（6）在项目施工阶段，负责为施工人员进行咨询等。

此外，项目设计经理还需要组织编制工艺流程图和总布置图；监督编制和印发技术规定，以作为工程分包和设备采购的技术准则；制定图纸和技术规定的审核批准程序；参与编制采购和工程分包的授标建议书；从工程设计角度，监督设备订货和材料供应质量是否满足设计要求，必要时会同采购人员到有关制造厂进行检查。

（七）项目采购经理

项目采购经理是建设项目采购环节的主要组织者和负责人。在项目经理的领导下，项目采购经理的主要职责如下。

（1）负责编制包括订购、检验、催交和运输等内容的采购计划。

（2）协调采购部门与各专业、项目要求的关系，保证采购部门的采购业务能够满足各专业提出的项目要求。

（3）控制采购预算，并及时向估算部门提供现行价格信息，保证从询价、招标到运抵现场的进度要求。

（4）负责设备、材料的催交，制造厂数据和制造厂制造材料的质量检验，以及从制造厂车间到施工现场的材料运输。

（5）研究并提出在合同条款中对合同商应该提出的要求，以及投标商在财务方面应负的责任。

（6）提出设备采购和施工分包合同的清单，提请业主认可，并在此基础上代业主拟定并贯彻执行设备订货合同和施工分包合同。

（八）项目施工经理

项目施工经理的主要职责如下。

（1）负责进行所有必要的施工能力的审核和设备吊装的研究，并编制提交施工计划。

（2）协助选择项目的主要施工人员。

（3）编制施工工具和设备清单并确定需要的临时设施。

（4）负责评价项目施工的进展情况，对施工现场费用进行监督，确保施工质量和安全规程的实施。

（5）驻工地项目施工经理将负责组织施工所需人力，并现场指挥和协调所有安装活动，在各部门主管、各工种负责人、工程师和行政管理人员的协助下，负责安排组织劳力，参与并指导分包商的工作，实施质量控制、费用控制、进度测量等。

（6）负责处理现场的工程、会计和材料等职能工作。

（7）安排竣工验收工作，完成将竣工设施向业主的移交工作。

第二节　建设项目投资决策

事业单位应当建立建设项目决策环节的控制制度，对项目建议书和可行性研究报告的编制、项目决策程序等作出明确规定，确保项目决策的科学与合理。决策的正确与否将决定着整个工程项目的成败，因此需要从源头上强化项目投资的决策控制，避免项目投资的先天性不足以及所带来的后续不利影响。

一、建设项目投资决策的基本程序和基本内容

（一）建设项目投资决策的基本程序

建设项目的投资决策，从广义上看是投资主体（企业）对拟建项目的必要性、可行性进行技术经济评价，对不同建设方案进行比较选择，以及对拟建项目的技术经济指标做出判断和决定的过程。

（1）由专门投资评审小组会同有关部门对建设项目的可行性进行初步研究，并将初步研究报告提交给投资委员会。

（2）将初步研究报告交由投资、计划等部门进行项目初选认可，并把经初选认可后的初步研究报告纳入项目建议书编写环节，同时将该部分初步研究报告交由财会或资金管理部门，据此编制资本预算并报投资委员会。

（3）由投资委员会组织有关专家及中介机构对项目可行性进行进一步的论证，出具可行性研究报告。

（4）投资委员会汇总相关可行性研究报告、项目建议书和资本预算并上报

董事会批准。如果投资项目属于重大项目，超出董事会的审批权限，那么董事会应该对经投资委员会论证后的项目报告报请股东大会审批。

建设项目投资决策中涉及的工作主要包括以下四个方面。

（1）针对所明确的目标进行资料收集与分析。资料的收集与分析，包括实地调查、技术研究和经济研究，以及确定每项研究所要包括的主要方面等。

（2）建立各种可行的技术方案。目标的实现通常会产生多种可行的方法，因而必然形成多种可行的并且能够相互代替的技术方案。建设项目决策选择的主要核心点是从多种方案中选优，因此建设项目决策的关键一步就是拟订相应的实施方案。对于项目各种可行技术方案的建立，应全面而细致地考虑到所获取的调查研究结果以及所掌握的全部资料。

（3）方案的全面分析与比较。主要包括对各个可行方案在技术上、经济上的优缺点进行分析；方案的各种技术经济指标的计算分析，如市场分析、方案实施的工艺流程、项目地址的选择及服务设施、劳动力及培训、组织与经营管理、现金流量及经济财务分析、投资费用、经营费用、投资收益、投资回收期、投资收益率等指标分析；方案的综合评价与选优，如敏感分析以及对各种方案的求解结果进行比较、分析和评价。最后，根据评价结果选择一个最优方案。

（4）确定项目的资金筹措计划。在确定资金的筹措计划时，需要详细考察一些潜在的、在贷款者讨论可行性研究时有可能会冒出来的项目资金需要，以及项目实施中期限和条件的改变可能对资金需求及资金筹措的影响。

总体来看，项目的投资决策过程大体上可以总结为机会研究（提出项目建议书）、可行性研究（提出可行性研究报告）和项目评估三个阶段。其中，机会研究阶段根据其内容的不同又可分为投资机会研究与项目初选、项目建议书编制两个部分。

（二）建设项目投资决策的基本内容

1.投资机会研究与项目初选

投资项目是实现投资回报的载体。只有选择了正确的投资项目，其成功才有可靠的保障。投资项目对于不同单位或同一个单位的不同时期，其机会性是不尽相同的，对于一个单位是机会的项目对于另一单位来说，却不一定是机会；同样，对单位某种情况下是机会的项目在另一种情况下也不见得是机会。因此单位在面临各种项目选择时，必须对项目的机会性进行认真、细致的筛选与甄别。

投资机会研究或项目的初步筛选，就是将单位面临的投资项目或机会进行初步分类，并相应确定哪些进入单位的决策循环，哪些排除在决策循环之外。对于一个投资项目来说，投资机会研究与项目初选是整个项目投资循环的起点。

项目投资机会研究阶段所进行的筛选、甄别往往比较粗略，主要依靠笼统的估计而不是详细的分析，所依据的参数、资料和数据都是从现有的可比项目中取得的。它所强调的是一个可能的投资方向和领域。

对于所筛选出来的机会也可能会从经济效益的角度进行较为深入的研究，借以明确两方面的问题：一是提出工程项目的概貌，包括产品方案、生产规模、原料可能的来源、可供选择的技术、比较满意的厂址、建设进度安排等；二是比较精确地估算出经济指标，从而做出经济效益评价，为后续分析提供基础。

按照我国目前的项目管理程序，经项目初选后认为可行的工程项目，将进入编制项目建议书环节。

2.项目建议书编制

项目建议书是指由单位或有关机构根据国民经济和社会发展的长期规划、产业政策、地区规划、经济建设方针和技术经济政策等，结合资源情况、建设布局等条件和要求，经过调查预测和分析，提出某一项目，着重论述其建设的必要性，供相关单位选择并确定是否进行下一步可行性研究的建议性文件。编制工程项目建议书的目的是提出拟建工程项目的轮廓设想，分析工程项目建设的必要性，说明技术上、市场上、工程上和经济上的可行性。

项目建议书编制的内容通常应该涵盖以下几个方面。

（1）项目的名称、承办单位、负责人。

（2）项目提出的目的、必要性和依据。

（3）项目的产品方案、市场需求、拟建生产规模、建设地点的初步设想。

（4）资源情况、建设条件、协作关系和引进技术的可能性及引进方式。

（5）投资估算和资金筹措方案及偿还能力预计。

（6）项目建设进度的初步安排计划。

（7）项目投资的经济效益和社会效益的初步估计。

项目建议书经批准后即称为立项，项目即可纳入项目建设的前期工作计划。列入前期工作计划的项目可开展详细的可行性研究。

3.可行性研究

由之前环节初步确定的建设项目是否有生命力，还需通过可行性研究进一步去判断。可行性研究是指投资建设项目最终决策前，对投资建设项目从工程、技术、经济、财务、生产、销售、环境、法律等各方面进行调查、研究、分析，对各种可能的建设方案和技术方案进行比较论证，并对项目建成后的成本和收益进行预测和评价的一种科学分析方法。一般情况下，通过可行性研究，可以确定项目在技术上的先进性和可靠性，经济上的营利性和合理性，建设上的可能性和可行性，从而为投资建设项目的最终决策提供科学依据。

详细可行性研究是投资项目建设前期研究工作的关键环节。宏观上，此项工作可以控制投资的规模和方向，改进项目管理；微观上，则可以减少投资决策失误，提高投资的经济效果。

一个投资建设项目无论其规模大小、复杂程度如何，通过可行性研究后都应该能够对以下问题做出明确的回答。

（1）项目是否符合国家的发展目标和优先顺序。

（2）项目的产品是否有充分的市场需求，资源供应是否能保证。

（3）项目所采取的工艺技术有什么特点，是否采用了先进适用的技术方案。

（4）项目的建设时间多长，是否筹集到了所需要的全部资金。

（5）项目在经济上是否合理，在财务上是否可行。

（6）项目的建厂地点在哪里最佳。

（7）项目的环境如何。

（8）项目的管理是否切实可行。

4.项目评估

上述项目建议书和可行性报告必须提交给单位最高决策部门，由聘请的专家或委托有资格的咨询公司进行评估。项目评估是投资前期对建设项目进行的最后一项研究工作，也是建设项目必不可少的程序之一。

项目评估与可行性研究有着密切的联系，二者在理论基础、内容和要求等方面存在一致性，同时，两者之间还存在着内在的因果关系：没有项目的可行性研究，就不会有项目评估；不经项目评估，项目的可行性研究最后也就不能成立。从本质上讲，项目评估是对可行性研究的审查和研究。可行性研究是从宏观到微观逐步深入研究的过程，而项目评估则是将微观问题再拿到宏观中去权衡的过程，因此，项目评估是可行性研究的延伸，是比可行性研究更高级的阶段。

项目评估的内容通常由评估要求来决定，不同的评估部门对评估内容可能有不同的要求。从我国目前项目评估工作的实践来看，生产性建设项目的评估的基本内容包括以下几个方面。

（1）建设必要性。构成项目建设必要性的因素很多，主要包括市场、资源和技术三个方面，并涵盖项目是否符合产业政策和规划的要求、项目是否适应市场需求、建设项目在国民经济和社会发展中的作用，以及拟建项目是否符合经济规模的要求等四项具体内容。

（2）建设条件。拟建项目的建设条件，包括原材料、能源、动力和建设资金等投入物的供需平衡，以及厂址选择和协作配套项目等因素。在建设条件上，不同行业具有不同的特点，一般应重点把握以下几点：①资源是否落实，工程地质、水文地质是否清楚；②原材料、燃料、动力等供应是否有可靠的来源，是否有供货合同；③建设资金是否有可靠的来源；④交通运输是否有保证，厂址选择是否合理；⑤是否有环境保护问题的解决方案；⑥相关配套项目是否有同步建设方案。

（3）技术评估。技术评估就是对工程项目所采用的技术工艺和设备的先进性、经济合理性和适用性进行综合性分析。技术评估在内容上一般包括：①工程项目采用的工艺、技术、设备在经济合理条件下是否先进、适用，是否符合国家的技术发展政策，是否注意节约原材料和能源以获得最大效益；②引进技术和设备是否符合我国国情，是否经过多方案比较，是否配套以及引进技术后有无消化吸收的能力；③工程项目所采用的新工艺、新技术、新设备是否安全可靠，是否经过试验和鉴定；④产品方案和资源利用是否合理；⑤技术方案的综合评价。

（4）财务评估。财务评估是按照现行财会税收制度和有关财务规定，对项目的费用、效益进行的计算和分析，据以确定财务盈利的可能性。一般应从以下方面进行：①建设投资估算；②产品成本估算；③销售收入及税金估算；④利润预测；⑤贷款偿还估算。

（5）国民经济评估。项目的国民经济评估，是从国家整体利益出发，对项目的直接效益和间接效益、内部效益和外部效益、可度量价值的效益和不可度量价值的效益进行充分考虑，论证分析项目给国民经济带来的净增量效益，借以实现资源的最优利用和配置。其主要内容有：①投资的新增国民收入分析；②国民收入现值分析；③投资税利率的分析；④投资回收期的分析；⑤相关投资分析；⑥社会效益分析；⑦外汇效益分析；⑧环保评价。

（6）投资方案的比较分析。投资方案的比较分析是实现合理、科学的投资决策的主要手段，也是项目评估工作的重要组成部分。在项目评估过程中，应根据项目的特点，对可行性研究报告中阐述的多个方案的各项主要经济技术指标进行对比、论证和筛选，鉴定所选方案是否为最优。现实中，投资方案的比较分析一般是在财务评估中进行的。

（7）总评估。总评估是在上述各单项评估的基础上，对项目进行综合分析，并就项目建设的必要性、相关条件的具备性、项目技术与设备的先进性、项目建设的适宜规模、项目实施的效益，以及对环境、生态、区域经济等的影响等提出结论性的意见和建议。

二、建设项目投资的决策控制

（一）建设项目投资决策控制的原则

决策作为一个过程，主要包括问题的提出、制定目标、拟订方案、分析评价，直至最后才从众多可行的方案中选出一种最佳的或相对理想的方案。体现决策是否科学的标志是决策的结果能否导致经济的稳步健康发展，同时也保证经济增长既有速度又有质量，从而最终使广大人民群众从经济增长中得到真正的实惠。为正确处理好各方面的关系，保证项目论证与决策的科学性、有效性，在建设项目的投资决策控制中，通常应该遵循以下原则。

1.系统控制原则

项目决策本身是一项系统工程，需要经历项目投资机会研究与项目初选、项目建议书的编制、建设项目可行性研究，以及项目评估与决策等一系列过程。按照系统论的观点，任何一个环节出现问题，都会影响整个项目系统的有效运行。因此，不仅应在最后的决策行为环节加强对于项目投资的决策控制，而且对于项目的筛选、建议书的编制，以及可行性研究等环节也应严加控制。

2.相互牵制原则

监督与控制的基本原理就是相互牵制，即将一项完整的业务分配给具有互相制约关系的两个或两个以上的岗位分别来完成。投资项目的决策是单位的一项重要决策活动，其控制过程中理所当然地也应该体现牵制原则的基本精神。在横向关系上，决策事项至少需要两个或以上彼此独立的部门或人员办理，以使一部门或人员的工作接受另一个部门或人员的检查和制约；在纵向关系上，至少要经过互不隶属的两个或两个以上的岗位和环节，以使下级受到上级的监督、上级受到下级的牵制。

3.关键控制点原则

所谓关键控制点，是指在项目投资决策过程中发挥作用较大，影响范围较广，对于保证整个决策活动的控制目标具有至关重要的影响，甚至决定全局成效的控制节点。项目投资决策涉及众多单位和部门以及许多经手人员，就特定主体而言，由于时间与精力的限制，在决策控制中要做到面面俱到往往不太可能，因此，控制时必须根据投资决策的具体特点，找出每一个环节的关键控制点，针对关键点设计相应的控制措施，进而有效地实施内部控制。

4.技术与经济相结合的原则

只懂管理、不懂技术，做不好内部控制；反之亦然。因此，在项目投资决策控制中，项目决策控制人员不仅要掌握内部控制的知识，而且要熟悉建设项目的基本业务流程。除此之外，有关人员还应熟悉有关法律对建设项目的规定。这些相关的法律包括土地管理法、建筑法、房地产法、环境保护法、合同法、招标投标法等。

5.微观经济效果与宏观经济效果相结合的原则

微观经济效果与宏观经济效果相结合的实质，就是要处理好局部利益与整体利益的关系。一般而言，微观经济效果是宏观经济效果的基础，而宏观经济效果则是衡量微观经济效果的最终标准。通常情况下两者是相互一致的，但在某些情况下也可能会发生矛盾。主要表现为这种效果有时从一个单位或一个部门的角度来看是有利的，但从整个国民经济的角度来看却是不利的；或者从整个国民经济的角度来看是有利的，而从一个单位或一个部门的角度来看则经济效果不大。在后一种情况下，单位或部门的利益就要服从国民经济的整体利益，要在计算由于占用劳动力、资金、资源而引起的其他国民经济部门劳动耗费和效益发生相应变化的基础上，选择宏观经济效果最佳的技术方案。

6.近期经济效果与远期经济效果相结合的原则

近期经济效果与远期经济效果相结合，实质上就是如何正确处理当前利益与长远利益之间的关系。而通常只有把当前利益与长远利益结合起来，才能确保国民经济的稳定、持续、健康发展。因此，在评价技术方案时，不仅要看近期的经济效果，更要考察长远的、潜在的经济效果。

7.定性分析与定量分析相结合的原则

定性分析的决策方法，是一种在占有一定资料的基础上，根据决策人员的经验、直觉、学识、洞察力和逻辑推理能力来进行的决策方法。目前随着应用数学和计算机科学的发展，在经济决策中引入了更多的定量分析方法。定量分析方法的引入改变了决策以感觉为基础的做法，因此，采取以定量分析为基础进行决策，决策将更具有科学化的色彩。但是，在采用定量分析的决策方法时并不排斥定性分析，甚至可以说，定性分析方法仍是必不可少的。当然，这就需要将定量分析与定性分析结合起来，同时还要加强调查研究，提高定性分析的客观性，克服“少数人说了算”的不正确做法。

（二）项目投资决策控制的工作基础

1.严格项目投资决策的授权批准制度

相关单位应当对建设项目相关业务建立起严格的授权批准制度，明确审批人的授权批准方式、权限、程序、责任及相关控制措施，规定经办人的职责范围和工作要求。审批人应当根据建设项目相关业务授权批准制度的规定，在授权范围内进行审批，不得超越审批权限。经办人应当在职责范围内，按照审批人的批准意见办理建设项目业务。对于审批人超越授权范围审批的建设项目业务，经办人有权拒绝办理，并及时向审批人的上级授权部门报告。严禁未经授权的机构或人员办理建设项目业务。与权利相对应，有关单位应当建立建设项目投资决策及实施的责任制度，将责任明确落实到部门甚至个人，并对责任制的执行情况进行定期、不定期的检查和考核。

2.明确项目决策环节的控制标准

对项目建议书和可行性研究报告的编制、项目决策程序等做出明确规定，确保项目决策的科学性、合理性。单位应当组织工程、技术、财会等部门的相关专业人员对项目建议书和可行性研究报告的完整性、客观性进行技术经济分析和评审，并出具评审意见。单位应当建立建设项目的集体决策制度，决策过程应有完整的书面记录。严禁任何个人单独决策建设项目或者擅自改变集体决策的意见。

单位应当建立建设项目决策及实施的责任制度，明确相关部门及人员的责任，定期或不定期地进行检查。

（三）项目投资决策不同环节的控制要点

1.投资机会研究与项目初选环节的控制要点

就项目投资机会的筛选、甄别而言，其重点通常在财务与经营方面，目的是在初步调查研究结果的基础上探讨该项目投资的必要性与可能性，最终形成工程项目建议书。该环节应重点关注以下几点。

（1）拟建项目产品的用途及其在一定市场范围乃至国民经济和人民生活中的作用。

（2）市场需求（包括当前需求和潜在需求）的初步调查结论。

（3）涉及制造该种产品的生产要素条件等诸种经济因素及现有情况的调查。

（4）其他地区或厂家在类似情况下从事类似活动的相关经验。

（5）拟建项目与其他产业部门的关系，主要是关于原料来源或在未来出口时在国际市场中可能的地位。

（6）产品更新换代、多样化方向延伸的机会及潜在问题。

（7）一般经济分析。

（8）投资倾向和保护政策的要求。

2.可行性研究环节控制的要点

由于可行性研究工作是项目投资决策中极其重要、决定项目命运的关键环节，因此应该强化对项目的可行性研究工作的监督与控制。其要点如下所列。

（1）严格对咨询公司的选择。要选择技术先进、经验丰富、信誉好的咨询公司来承担可行性研究工作，以保证可行性研究的准确度，为项目决策者提供公正、客观和科学的依据。

（2）应该强化可行性研究的工作程序。严格按照可行性研究的工作程序开展可行性研究工作。国际上目前通行的工作程序包括以下内容：①明确研究范围、研究界限以及投资者的目标；②对每项研究从项目的主要方面进行实地调查和技术经济研究；③将项目的各个不同方面设计成可供选择的方案，进行优选；

④对选出的方案详细地编制资本预算，并做出项目的经济分析和评价；⑤编制可行性研究报告。

（3）强化对可行性研究报告内容的控制。确保可行性研究内容的完整和有一定的深度与准确性。

（4）要保证可行性研究的期限和费用。可行性研究在所限时间内通常要考虑项目的复杂性、对项目的了解程度、项目是创新的还是重复的等因素，因此一般最短需要三个月的时间，最长则要花两年或两年以上时间。可行性研究的费用也会因项目的复杂程度而不同。将项目投资的一部分费用用于可行性研究是值得的，它可以避免错误投资产生的更大损失。

3.项目评估环节的控制要点

有效的项目评估不仅有利于投资决策者正确确定投资建设的工程项目，还为合理配置社会资源创造了条件。由于资金和资源的有限性，在一定时期内能够投资建设的工程项目是有限的。依据项目评估，可以在不同部门之间、同一部门的不同项目之间排出优先次序，把资源合理地分配在各个部门和各个项目上，使社会资源得到合理利用，投资建设项目生产力得到优化配置。

提高项目评估的质量和准确度是提高项目决策成功率的一个重要方面。为此，就必须做好以下几个方面的工作。

（1）要建立和健全信息网络。评估质量和准确度的高低在很大程度上取决于对基础数据的掌握、运算以及对经济信息的掌握与分析。因此，应在全国乃至世界范围内分行业或产品建立投资信息网络，使项目评估能获得大量有用的信息、资料而节省调查时间，加快评估速度。同时，还要努力在信息收集的广度和深度上下功夫，提高信息传递速度，加强项目投资信息的开发和利用。对信息收集要注意时效性，只有有价值的信息才能在项目评估和投资决策中真正发挥作用。

（2）进一步规范可行性研究和项目评估的办法。项目评估是对可行性研究的再研究、再评审和再论证。因此，对可行性报告应进行科学的评估，检查可行性研究报告的准确度，克服可行性研究报告可能存在的片面性，为决策者提供全面、客观的参考依据。如果可行性研究报告只提供一个备选方案，项目评估也是对该方案再论证，没有机会成本的概念，缺乏比较和鉴别，极易受可行性研究结论的左右，则达不到择优的目的。因此，要在可行性研究中提供两个或两个以上的备选方案。评估人员在不受可行性研究结论影响的前提下，重新计算、论证、评审有关备选方案，从中选出最优方案，实现真正意义上的评估。同时，还应建立项目评估的责任制，对于因评估质量而导致决策失误的要追究评估人员的责任。项目评估中要不断改进与完善项目评估方法，运用现代管理手段来提高项目评估的效率，积极进行项目评估软件的开发和利用，这是提高工程项目评估质量的重要手段。

（3）要提高项目评估队伍的素质。项目评估是一项涉及多专业、多学科的复杂的技术经济工作，没有全面知识的评估队伍，就不能形成科学有效的决策中心。提高评估队伍的素质可从两个方面入手：一是提高项目评估人员的素质，通过各种途径对评估人员进行业务培训、政治教育、法律知识教育和职业道德教育；二是在项目评估中对于一些技术性较强的项目，直接聘请有关技术专家参与评估，从而提高技术评估的质量。

第三节　建设项目概预算控制

事业单位应当建立建设项目概预算环节的控制制度，对建设项目的概预算的编制、审核等做出明确规定，确保概预算编制科学、合理。

一、概念界定

下面主要介绍建设项目概预算中的设计概算和施工图预算。

（一）设计概算的内涵及作用

我国预算制度规定，建设项目的初步设计阶段必须编制设计概算。设计概算是设计文件的重要组成部分，是在投资估算的控制下由设计单位根据初步设计（或扩大初步设计）图纸、概算定额（或概算指标）、费用定额、建设地区设备及材料预算价格等资料编制的建设项目从筹建到竣工交付使用所需全部费用的文件。

设计概算，通常包括以编制期价格、费率、汇率等为依据确定的静态投资概算和综合考虑编制期到竣工验收前工程与价格变化等多种因素确定的动态投资概算。其中，前者主要用来考核工程设计和施工图预算，后者主要用来作为筹措、供应和控制资金使用的依据。

设计概算，在内容和层级上包括单位工程概算、单项工程综合概算和建设项目总概算三级。其中，单位工程概算是确定各单位工程概算造价的文件，包括建筑工程概算和设备及安装工程概算两大类，它构成单项工程综合概算的依据；单项工程综合概算是确定一个单项工程概算造价的文件，由各单位工程概算汇总编制而成，是建设项目总概算的组成部分；建设项目总概算是确定整个建设项目从筹建到竣工验收所需全部费用的文件，由各单项工程综合概算、工程建设其他费用概算、预备费、建设期贷款利息等汇总编制而成。

设计概算的主要作用表现在以下几个方面。

（1）设计概算对于建设项目投资计划的编制、确定以及控制建设项目的投资具有重要作用。我国相关制度规定，固定资产投资计划的编制和总额的确定必须以经批准的初步设计概算为依据；否则，工程项目不得列入年度固定资产投资计划。同时，经批准的项目设计总概算投资额构成该工程建设投资的最高限额。在工程建设中，未经规定的程序批准，相关投资（如年度固定资产投资计划安排、银行拨款和贷款、施工图设计及其预算、竣工决算）都不能突破这一限额。

（2）设计概算为施工图设计、预算的控制提供了依据。设计概算确定施工图预算的控制投资数，这就需要设计人员必须按照初步设计的工程范围和标准进行施工图设计。另外，设计概算还确定了单位工程的分部、分项工程的实物量与相应的工作量，使施工单位对施工任务的工程规模和费用有一定的了解，因此，施工单位可据此与项目建设主体签订施工合同或协议书。

（3）设计概算对方案的比选和方案技术经济合理性的衡量也具有重要作用。设计概算是设计方案技术经济合理性的综合反映，通过对不同方案设计概算的比较，可以在一定程度上了解其技术与经济性，从而做出最佳的选择。

（4）设计概算可以考核建设项目的投资效果。通过设计概算与竣工决算的对比，可以分析和考核投资效果的好坏，同时还可以验证设计概算的准确性，有利于加强设计概算管理和建设项目的造价管理工作。

（二）施工图预算的内涵与作用

施工图预算是由设计单位在施工图设计完成后，根据施工图纸、现行预算定额、费用定额以及地区设备、材料预算价格编制和确定的建筑安装工程造价的文件，是拟建工程设计概算的具体化文件，也是单项工程综合概算的基础文件。施工图预算的编制对象为单位工程，因此也称单位工程预算。施工图预算通常分为建筑工程施工图预算和设备安装工程施工图预算两大类。

一般说来，实施施工图预算可以起到以下几个方面的作用。

（1）施工图预算作为设计阶段控制工程造价的重要环节，可以在很大程度上保证施工图设计预算不突破设计概算。

（2）施工图预算构成年度固定资产投资计划编制或调整的基础。

（3）施工图预算还是招标工程标的编制的依据，同时也是承包企业投标报价的基础。

（4）施工图预算是签订施工合同、确定合同价款和办理竣工结算的依据。

（5）施工图预算是加强施工企业实行经济核算的依据。

因此，建设项目的概预算是建设项目内部控制中最重要的部分，单位应当组织工程、技术、财会等部门的相关专业人员对编制的概预算进行审核和控制。

二、建设项目概预算控制的内容和方法

（一）设计概算控制的内容和方法

加强设计概算控制，有利于合理分配投资资金，加强投资计划管理，促进概预算编制单位严格执行国家有关概算的编制规定和费用标准，防止任意扩大投资规模或出现漏项，从而减少投资缺口，避免开始故意压低概算投资，最后导致实际造价大幅度突破概算的现象。因此，建设单位应当建立合理的概算审核制度，实现对建设项目造价的源头控制。

1.概算控制的主要内容

（1）控制、审核设计概算的依据，确保其在可靠性、时效性以及范围上符合有关规定的要求。

①对于设计依据的可靠性，应重点审核其编制依据。概算所采用的各类编制依据，必须经过国家和授权部门的批准，符合国家的编制规定。

②对于时效性的审核，主要应审核其编制的依据是否遵循最新规定。通常概算编制的各种依据，如定额、指标、预算价格、取费标准等，应根据国家和有关部门的现行规定执行，并及时根据新的规定或修订进行调整。

③对于范围的审核，主要考察定额及资费标准的适用范围。设计概算的编制依据都具有规定的适用范围，不同范围的资费标准差异很大（如各主管部门规定的各种专业定额及其取费标准，只适用于该部门的专业工程；各地区规定的各种定额及其取费标准，只适用于该地区范围内，特别是地区的材料预算价格区域性更强），因此，概算必须根据本地区、本部门、本行业的相关标准进行编制。

（2）控制和审查概算的编制深度，具体包括以下内容。

①审查概算的编制说明。通过对编制说明的审查，可以检查编制方法、编制深度及依据等比较原则性的问题，并在一定程度上了解概算的可靠性。如果编制说明存在差错，则具体概算必然存在差错。

②审查概算编制的深度。一般大中型项目，应包含完整的概算编制说明和总概算表、单项工程综合概算表和单位工程概算表这三个级次的概算（即“三级”概算），并按有关规定的深度进行编制，不能随意简化为“二级”概算，甚至“一级”概算。

③审查概算的编制范围。审查概算的具体编制内容是否与主管部门批准的建设项目范围和具体工程内容一致，有无重复计算或漏算，审查其他费用项目是否符合规定，各个项目是否分列清楚。

（3）审查概算的具体内容，具体包括以下内容。

①审查建设规模、建设标准、配套工程、设计定员等是否符合原批准的可行性研究报告或立项批文的标准。对总概算超出批准的投资，应进一步审查超投资的原因。超过批准投资估算10%以上的，应查明原因后重新上报审批。

②审查工程量是否正确。审查工程量的计算是否根据初步设计图纸、概算定额、工程量计算规则和施工组织设计要求进行，有无多算、重算和漏算的现象。尤其对工程量大、造价高的项目要重点审查。

③审查材料用量和价格。审查主要材料（钢材、木材、水泥、砖）的用量是否正确，材料预算价格是否符合工程所在地的价格水平，材料价差调整是否符合现行规定，及其计算是否正确等。

④审查设备规格、数量和配置是否符合设计要求，是否与设备清单相一致，设备预算价格是否真实，设备原价和运杂费的计算是否正确。

⑤审查工程建设其他各项费用。这部分费用内容多、弹性大，约占项目总投资的25%以上，要按国家和地区规定逐项审查，包括有无随意列项，有无多列、交叉计列和漏项等。

⑥审查总概算文件的组成内容，是否完整地包括了建设项目从筹建到竣工投产为止的全部费用组成。

⑦审查工业项目的“三废”（废水、废气、废渣）治理。拟建项目必须同时安排“三废”的治理方案和投资，对于未作安排或漏项、多算的项目，要按国家有关规定核实投资，以满足“三废”排放达到国家规定的环保标准。

⑧审查技术经济指标。审查技术经济指标的计算方法和程序是否正确，各项指标与同类型工程指标相比是偏高还是偏低，其原因是什么并予以纠正。

2.概算审核控制的方法

概算审核控制的方法主要包括对比分析、查询核实、分类整理和联合会审四种方法。对于一些资料比较齐全、标准比较明确的项目，在审核控制时通常可以通过将建设规模、标准与立项批文进行对比，将工程数量与设计图纸进行对比，将各项资费与规定标准进行对比，将材料、人工单价与统一信息进行对比，将引进投资与报价要求进行对比，将技术经济指标与同类工程进行对比等一系列相关指标之间的比较和对比，发现设计概算的主要问题和偏差。但对于一些关键设备和设施、重要装置，引进工程图纸不全、难以核实的投资，则需要采取多方查询核对、逐项落实的方法确定概算的问题或差异。通常主要设备的市场价可以向设备供应部门或招标公司查询核实，重要生产装置、设施可以向同类企业工程查询了解，引进设备价格及有关费税可以向进出口公司调查落实，复杂的建安工程可以向同类工程的建设、承包、施工单位征求意见，深度不够或不清楚的问题可直接向原概算编制人员、设计者询问清楚。对审查中发现的问题和误差，则应对照单项、单位工程顺序，按设备费、安装费、建筑工程费和建设工程其他费用分类整理，汇总该增、该减的项目及其投资额，并按照原总概算表汇总增减项目逐一列出，相应调整所属项目投资合计，依次汇总审核后的总投资及增减投资额。最后，对于设计概算还需采取多种形式的联合会审，包括设计单位自审，主管、建设、承包单位初审，工程造价咨询公司评审，邀请同行专家预审，审批部门复审等，经层层审查把关后，再由有关单位和专家进行会审。

（二）施工图预算控制的内容和方法

1.施工图预算控制的内容

施工图的预算控制，在内容上主要包括施工预算和总投资预算控制与具体图纸审查两个方面。

（1）施工预算和总投资预算控制。在施工预算和总投资预算控制方面，建设单位应重点对预算编制是否符合要求，工程量计算是否正确，定额标准是否合理，各项收费是否符合规定，汇率计算、银行贷款利息、通货膨胀等各项因素是否齐全，总预算是否在总概算控制范围之内等进行审查。其中，对分项工程项目应通过对照图纸和预算定额重点控制项目的错漏与重复；对工程量则应审查取定的尺寸与图纸是否相符，执行的计算规则是否正确，使用的计算方法是否正确，计算结果是否准确；对定额标准应重点审查所套用单位估价表中相应单价内容是否与分项工程项目一致或相符，进行的定额调整换算是否正确，采用的补充定额的编制是否符合编制原则，单位估计表计算是否正确，是否与相应的分项工程相符；对于费用项目的计算应重点审核其他直接费、现场经费及间接费、利润、税金的计取是否符合规定，材差计算是否合理，是否只作为利润和税金的计费基础，消除高估、冒算以及不正当提高工程预算造价等现象，堵塞预算中的漏洞。

（2）具体图纸审查。重点在于：施工图是否符合现行规范、规程、标准、规定的要求；是否符合现场和施工的实际条件；其深度是否能够满足施工和安装的要求，是否达到工程质量的标准。同时，需要对选型、选材、造型、尺寸、关系、节点等图纸自身的质量要求进行控制与审查。为了进一步提高质量，要使施工单位熟悉图纸、了解工程特点和设计意图、关键部位的质量要求，发现图纸错误的进行改正。通常，在图纸审查时还需要进行施工图的图纸会审和技术交底。具体程序如下。

①建设单位组织施工单位和设计单位进行图纸会审。

②由设计单位向施工单位进行技术交底，即由设计单位介绍工程概况、特点、设计意图、施工要求、技术措施等有关注意事项。

③施工单位提出图纸中存在的问题和需要解决的技术难题。通过三方协商，拟订解决方案，写出会议纪要。

2.施工图预算审查的方法

建筑工程施工图预算审查的方法较多，比较常用的方法有全面审查法、重点审查法、分解对比审查法等几种。

（1）全面审查法，又叫逐项审查法。即按照施工图、预算定额、施工组织设计、工程合同（或协议）以及各种计费文件的规定，对照已经完成的预算书逐项进行审查。此方法的优点是全面细致、质量较高，缺点是工作量大。

（2）重点审查法。即对预算中的重点部分项目进行审核。一般情况下，选择那些工程量大且对造价有较大影响的项目作为重点进行审查。如，对于一般土建工程，混凝土及钢筋混凝土工程、基础工程、砌体工程是其重点，因此审查时便应重点抓住这些工程，就其工程量的计算及套用的定额、单价及各项费用的计取等进行审查。此外，补充定额单价和取费也应作为重点审查。这种方法的优点是重点突出、时间短、效果好，缺点是不够全面、细致。

（3）分解对比审查法。即将一个单位工程中的直接费、间接费与其他各项费用进行分解；然后，在此基础上再把直接费中的人工费、材料费、机械费以及主要建筑材料消耗量等进行分解，或者按定额分部工程进行分解；最后，分别与该地区经审定的同类建筑工程的标准预算进行对比分析，审核所编预算是否正确、合理。

第四节 建设项目竣工决算控制

为保证竣工决算的准确、及时、有效，节约和控制工程成本，单位应当建立竣工决算环节的控制制度，对竣工清理、竣工验收、竣工决算、竣工审计等做出明确规定，确保竣工决算真实、完整、及时。通常对于竣工决算环节的控制，可以从工程项目竣工验收控制、工程项目竣工决算控制和工程项目的后评价这三个关键点着手。

一、工程项目竣工验收控制

工程项目竣工验收就是由建设单位、承包人和项目验收委员会，以批准项目的设计任务书和设计文件，以及国家（或部门）颁发的施工验收规范和质量检验标准为依据，按照一定的程序和手续，在项目建成并试生产合格后，对工程项目的总体进行检验和认证（综合评价，鉴定）的活动。为保证竣工验收的有效进行，必须明确竣工验收的标准，加强竣工验收工作的组织与领导，规范竣工验收的程序。

（一）明确竣工验收的标准

竣工验收准备工作全部完成以后，即可按竣工验收标准和合同规定正式办理竣工验收手续。验收标准包括以下内容。

（1）生产性工程和辅助公用设施已按设计要求建完并能满足生产要求。

（2）主要工艺设备已安装配套，经试生产合格，构成生产线，形成生产能力，能够生产出设计文件中所规定的产品。

（3）职工宿舍和其他必要的生活福利设施能适应投产初期的需要。

（4）竣工决算已完成。

（5）工程技术档案资料（包括竣工图）等已经准备齐全。

（二）加强竣工验收工作的组织与领导

事业单位一般应在竣工前，根据项目性质、大小，成立竣工验收领导小组或验收委员会，负责组织与领导竣工验收工作。

（三）规范竣工验收的程序

竣工验收一般经过两个阶段。第一阶段是针对单项工程进行验收。当一个单项工程或一个车间，已按设计要求建成，能满足生产要求或具备使用条件时，即可由单位组织验收。单位应组织承包人和设计单位整理有关施工的技术资料与竣工图，据以进行验收和办理交接手续。验收通过后，由单位根据有关规定投入使用。第二阶段为全部验收。整个建设项目已符合竣工验收标准时，即应按规定进行全部验收。即以事业单位为主，组织设计、施工等单位或聘请外部专门机构进行验收。在整个项目进行全部验收时，对已验收过的单项工程，不再办理验收手续。

（四）工程项目竣工验收控制的重点

单位会计机构或人员在工程项目竣工后，应及时开展各项清理工作，主要包括各类会计资料的归集整理、账务处理、财产物资的盘点核实及债权债务的清偿，做到账账相符、账证相符、账实相符、账表相符。

单位应会同监理单位、设计单位对承包人报送的竣工材料的真实性、完整性进行审查，并依据设计与合同的要求组织竣工验收。对存在的问题，应及时要求承包人进行整改。

单位对符合竣工验收条件的工程项目，应及时组织竣工验收。验收合格的工程项目，会计机构或人员应建立交付使用财产明细表，并转增固定资产。未经验收或验收不合格的工程不得交付使用。对于竣工验收后留有收尾工程的项目，建设单位应按照验收中审定的收尾工程要素、数量、投资和完成期限组织扫尾。

二、工程项目竣工决算控制

为保证竣工决算的准确、及时、有效，单位应当组织有关部门及人员对竣工决算进行审核，重点审查决算依据是否完备、相关文件资料是否齐全、竣工清理是否完成、决算编制是否正确。单位应当建立竣工决算审计制度，及时组织竣工决算审计。未实施竣工决算审计的工程项目，不得办理竣工验收手续。

（一）竣工决算的内容控制

竣工决算是全部工程完工并经有关部门验收后，由建设单位编制的综合反映该工程从筹建到竣工投产全过程中各项资金的实际运用情况、建设成果及全部建设费用的总结性经济文件。建设单位应按照国家有关规定及时编制竣工决算，如实反映工程项目的实际造价和投资效果。

1.竣工决算的内容

竣工决算在内容上包含文字说明和决算报表两个组成部分。文字说明主要包括工程概况、设计概算和基建计划的执行情况，各项技术经济指标完成情况，各项投资资金使用情况，建设成本的投资效益分析，以及建设过程中的主要经验、存在问题和解决意见等。决算报表分大、中型项目和小型项目两种。大、中型项目竣工决算报表包括竣工工程概况表、竣工财务决算表、交付使用财产总表、交付使用财产明细表。小型项目竣工决算报表按上述内容合并简化为小型项目竣工决算总表和交付使用财产明细表。

2.竣工决算的编制控制

为确保竣工决算报告的质量，单位须对决算报告的编制进行严格的控制，确保准备工作完整、到位。为此应该做到以下内容。

（1）完善组织准备。对于大中型工程竣工项目，应参照财政部规定，组织专门领导班子，由主管领导挂帅，设计、施工、监理等单位积极配合，各职能部门分工协作，认真做好竣工决算工作。并且在竣工决算未批准前，原机构不得撤销，有关人员不得调离。

（2）控制决算的计价依据。单位应根据批准的设计文件及概算，委托原设计单位按最后批准的修正总概算编制各单位工程的最后工程概算书，并报请上级主管部门批准后作为竣工决算中各单位工程概算的计价依据。

（3）监督项目资金的投入。对于投入的项目资本金要按实际到位数经各投资方签字认可，并由会计师事务所出具验资报告。

（4）加强竣工决算的基础工作和日常资料的积累。财会部门平时要做好工程施工成本核算基础工作，按竣工决算要求对建筑工程、安装工程、在安装设备投资、无形资产、递延资产等分别设立明细账，进行总括和详细核算。

（5）加强项目的竣工清理。彻底清理各项经济合同，包括商业银行借款合同及其他投融资合同、勘察设计合同、施工承发包合同、设备订货和材料采购合同、工程监理合同等，该索赔的应索赔，该结算的要结清，留下各种质保金和罚金，清理收回各种抵押金及应收款项。

（6）核实已竣工项目的建筑安装工程量，搞好各个施工单位的竣工项目工程结算书的全面审核，并由会计师事务所、政府审计部门进行审计，结清已完工程的工程价款。

（7）全面清理核实交付使用的设备清单，包括需要安装设备，不需要安装设备，备品、备件和工器具。

（8）控制库存器材的清理、超储积压物资的处理，以及盘盈、盘亏的确认。

（9）加强土地征用、青苗赔偿的文件和合同清理的控制。

（10）加强工程及设备物资招投标资料清理的控制。

（11）全面清理核对历年拨款、借款投资额，理清各投资方式及资金到位情况、逐笔到位日期，双方要有对账记录。清理债权、债务，使应收与应付款余额压缩到最低限度，对账单上要有双方的签字。核实工程基建结余资金，据此编制基建财务状况表。

（12）清理其他投资性支出，如购置的运营管理用商品房、家具、器具，无形资产，递延资产，拨付营运的铺底流动资金等。

（13）全面收集工程总结资料，如工程概预算执行情况、规模、质量、安全、投资效益、工程管理情况，为编制工程竣工决算报告提供全面资料。

（二）竣工决算的审查

1.竣工决算审查的主要依据

（1）国际金融组织及我国有关建设项目竣工决算的相关法规。

（2）经审批的建设项目可行性研究报告、初步设计及其批准的总概算。

（3）建设项目的中标书、承包合同及工程施工合同。

（4）工程竣工报告、工程验收清单和竣工结算清单。

（5）现行的概预算规定，工程定额和取费标准，以及经审批的施工图预算。

（6）重大的设计变更资料，如发包、设计单位修改或变更设计的通知单。

（7）甲乙双方会签的竣工图及隐蔽工程验收记录。

（8）银行签证单和债权债务对账签证单。

（9）各种物资、财产移交和盘点清单。

（10）有关的会计凭证账册、财务报表，送审的全套竣工决算报表及其说明书。

2.竣工决算审查的主要内容

（1）审查竣工决算编制的依据，确定其是否合规、全面，如审查决算编制是否有专门的组织，工程质量是否已经过验收委员会鉴定和验收等。

（2）审查项目建设及概预算执行情况，确定其是否严格按批准的概预算内容执行，重大设计变更是否有有权部门的审批手续，有无重大质量事故和经济损失。

（3）审查交付使用财产及在建工程。对交付使用财产，审查其真实性、完整性及手续的齐备性，核实其核算成本；对于在建工程，审查其投资完成情况。

（4）审查项目资金来源及实际到位情况，确定其是否存在资金的严重缺口以及由此导致的工程款、设备款的拖欠。

（5）审核工程结余资金情况，核实结余资金数，其中重点是库存物资。对于工程结余，进一步审核其性质是否属于包干结余，包干结余的分配是否合理、合法。

（6）审查待摊费用内容是否合理、合法，分摊方法是否合理、合规，有无概预算外开支以及利息的账务处理是否正确。

（7）核实尾工工程，根据修正总概算和工程形象进度，核实尾工工程的未完工工程量，留足资金。

（8）审查交付运营单位使用的财产是否真实、完整，移交手续是否齐全。

（9）审查竣工决算报表及其说明书，从账账、账证、账实、账表的相符性等多方面确定其真实性、完整性和合规性。

（10）审计工程施工管理绩效，从节省工程投资造价，到缩短工期、提高质量、增加运营能力等方面进行恰当的评价。

3.竣工决算审查的重点

（1）决算的准确性和完整性。审查竣工决算文字说明书和所叙述的事实，看其是否全面、系统，是否符合实际情况，有无虚假不实、掩盖矛盾等情况，报表中各项指标是否准确、真实。在此基础上进一步审查竣工决算各种报表是否填列齐全，有无缺报、漏报，已报的各决算表的栏次、科目、项目填列是否正确、完整。

（2）审查竣工决算表内的有关项目填列是否正确。单位应核对竣工财务决算表中工程项目投入款项、交付使用资产等项目的余额是否正确。

（3）工程项目支出的审查。单位应根据批准的初步设计概算，审查工程成本中有无不属于工程范围的开支，不得将应计入当期经营费用的各种支出计入建设成本；所有工程项目是否属于计划范围以内，有无搞计划外工程；增加的工程项目是否经单位管理部门批准；属于设计变更方面的，要审查有没有设计部门的变更设计手续。结合财务制度审查各项费用支出是否符合规定，有无乱挤、乱摊成本，有无扩大开支范围，有无乱立标准、铺张浪费等情况。

单位应重点审查建设成本超支或节约的原因。首先，应将其实际数与概预算进行总的和分项目对比，以考核建设成本全部及各项构成内容的节超情况，并计算节超额和节超率。然后，根据节超情况，进一步查找影响建设成本节超的原因。

（4）竣工时间的审查。竣工时间按计划提前或拖后，对投资效果有着直接的影响。提前竣工，不仅可提前交付使用、提前投产，还可以减少建设过程的费用支出；相反，竣工时间拖后，上述各项经济效果就会变成经济损失，造成极大的浪费。

三、工程项目的后评价

工程项目的后评价是指项目竣工、投产并达到设计生产能力后，通过对项目的立项决策、设计施工、竣工投产、生产运营等全过程进行系统评价，综合研究分析项目实际状况及其与前评价预测状况的偏差，分析原因，总结经验，不断改进新项目的准备、管理、监督等工作，提高决策水平和投资效益。

工程项目的后评价是项目投资与固定资产管理、控制工作的一个重要内容。建设单位应当建立工程项目的后评价制度，建立由财会部门或人员参与的概算、预算及决算分析考评制度，在竣工决算后由会计机构或会计人员负责对投入使用的生产性项目进行成本效益分析。如果项目实际经济效益严重低于可行性研究分析结果，应追究相关人员的决策责任。

第十章 事业单位人力资源控制

第一节 人力资源控制概述

一、概念界定

“管理之道，唯在用人。”人才是事业活动的根本，人力资源是开展事业活动和实现事业目标的基本保证。

人力资源是指事业单位因事业活动需要而录（任）用的各种人员，包括管理人员、技术人员和工勤人员等。人力资源的合理配置，可以全面提升单位整体业务能力，保障事业活动的效率和效果。如果人力资源缺乏或过剩、结构不合理、开发机制不健全，事业目标可能难以实现；如果人力资源激励约束制度不合理、关键岗位人员管理不完善，则可能导致人才流失、效率低下，或关键技术和国家机密泄露；如果人力资源退出机制不当，又可能导致法律诉讼或单位声誉受损。因此，事业单位人力资源控制的主要目的是建立良好的人力资源管理制度和机制，保障人力资源计划的合理性和可行性、人力资源引进与开发的合规性和符合性、人力资源使用的效率性、人力资源退出的合理性和合法性，实现人力资源对单位目标的有效支持。

二、人力资源计划

人力资源计划是指事业单位的人力资源部门和相关业务部门根据发展目标及单位内外环境的变化，科学地预测、分析未来的任务和环境对人力资源的要求，提供或开发人力资源的策略安排。人力资源计划工作专业性强，主要包括预测人员需求、确定人员招聘或引进计划、制订培训计划、编制新增人力资源费用预算、设定计划执行方案等。

人力资源计划的主要风险在于人力资源计划安排不符合实际需求或计划制订随意导致无法执行，即人力资源计划容易出现合理性和可行性方面的问题。产生问题的主要原因可能包括以下几个方面。

（1）为内部人员编制的是并无实际需求的招聘计划。

（2）按领导意图而不是按实际需求编制计划。

（3）人力资源部门缺乏调研，无原则满足业务部门的需求，造成人力资源计划与单位人力资源实际需要相脱离。

（4）业务部门本着“人多好干事”的思想提出超过实际需要的用人计划。

（5）人才引进标准过高或未能充分论证，导致计划缺乏可行性。

（6）人力资源计划工作缺乏系统性、计划性、预见性、指导性和可操作性。

因此，人力资源计划工作的控制重点在以下几个方面。

（1）计划应符合单位目标对人力资源的基本要求；依据单位目标细化各部门的绩效目标和人员配额，严格执行约束性的定岗定编制度和标准。

（2）计划应符合单位长期的发展规划及人力资源规划。

（3）计划编制应做到公开、透明，应事先公布计划编制方案，明确流程和标准，确定最终计划前公示业务部门用人需求、人才引进计划、人员招聘计划等，依据意见反馈完善计划。

（4）坚持计划的专家论证或集体审批制度，确保计划的相对合理性和可行性，避免只由人力资源部门或主管领导简单决策而形成最终计划。

（5）计划编制应有一定的前瞻性、预见性和导向性，确保适应未来人员流动和事业发展等方面的变化。例如，在技术人才供给充足时加大招聘力度，既可储备人才又可以控制人力资源成本。

三、薪酬管理制度

薪酬既是对员工劳动的认可和补偿，也是体现公平、激励和约束的人力资源的最有效的管理手段。事业单位薪酬管理与企业相比有其特殊性，如政策性强、自主性弱等。

事业单位薪酬管理主要存在两个方面的风险：一是违反国家法律法规及财政部门的要求，可能使单位遭受外部处罚或经济及名誉损失。二是如果薪酬分配不合理，或薪酬的激励和约束机制不能正常发挥作用，就会损伤员工的工作积极性，影响单位活动的正常开展。所以，必须以建立科学的薪酬激励机制为核心，形成符合单位事业目标实现、有效发挥人力资源作用的薪酬体系。可以采取的控制措施主要有以下几个方面。

（1）单位薪酬制度应符合国家和地方相关法律法规的要求，绩效、津贴、补贴的发放必须有政策依据，实施方案应经论证并经单位领导集体决策，重大绩效工资改革方案应经职工代表大会审议通过。

（2）单位薪酬标准应保持一定的稳定性和延续性，避免频繁调整。

（3）加强绩效考核，绩效工资应与绩效考评结果挂钩，保证薪酬发放的公平、准确。

（4）统筹考虑管理人员与专业技术人员的薪酬，应制定有利于调动大多数人积极性、有助于事业发展的绩效工资政策。

第二节 人力资源的引进与开发、使用和退出

一、人力资源的引进与开发

无论是新设立的事业单位还是存续的事业单位，为实现其发展目标和完成单位任务，都应确保人力资源的及时引进和有效开发。人力资源作为单位总体资源的组成部分，与其他资源有机结合在一起，共同支撑单位的发展。从量上看，人力资源的引进既要依据年度人力资源计划，也要符合人员编制和政策控制的范围；从质上看，人力资源引进要符合相关能力框架、知识结构和综合素质；从层次上看，人力资源的引进要注意区分管理人员、专业技术人员和一般职工。同时，人力资源的引进和开发也应依据相应的管理要求。

和企业相比，由于事业单位在人员编制、经费保障、收入稳定性等方面存在一定的优势，多年来事业单位对求职人员有相当大的吸引力。《事业单位公开招聘人员暂行规定》实施以来，基本形成了“凡进必考”的形式。这本来是一种有利于甄选优秀人才的方式，但在实际运行中，在事业单位招聘工作的各个环节，容易出现违规招聘的风险，甚至是腐败风险。事业单位招聘工作的运行流程一般包括制定招聘方案、发布招聘公告、受理报名及资格审查、组织笔试和面试、组织体检、考察、公示、办理聘用手续等诸多环节。如果在这些环节中存在违规操作，将影响招聘的公平、公正及招聘人员的质量，因此有必要对各环节中存在的风险进行识别及防范。

（一）制定招聘方案环节的风险及防范措施

招聘方案用以明确招聘岗位、资格条件、招聘的时间与形式、考试的内容与方式、招聘工作的组织与纪律要求及其他有关内容。制定招聘方案环节的主要风险主要包括以下三个方面。

（1）招聘方案内容不够完整、准确，招聘工作组织领导机构不够健全、完善，工作责任和工作要求不够明确、具体。

（2）招聘形式因人而异，促生“萝卜招聘”。

（3）岗位分类模糊不清，资格、条件的设置带有指向性、限制性。

因此，制定招聘方案环节应注意：招聘工作的组织领导机制是否健全、有效，是否体现“公开、平等、竞争、择优”的原则；工作责任和工作要求是否明确，方案是否经过审核，是否存在“萝卜招聘”的隐患等。

（二）发布招聘公告环节的风险及防范

发布招聘公告环节的风险主要包括以下三个方面。

（1）信息发布的面过窄，没有有效传达到潜在求职人员。有的招聘公告只在相关单位的网站发布，或只在报纸上登一次公告，造成知情范围有限。

（2）公告时间的选择不科学。若公告时间选在周末或公告周期较短，有可能使符合条件的潜在求职人员不能及时得到信息。

（3）故意制造信息的不对称，以减少竞争，为“萝卜招聘”提供潜在空间。

为此，应及时审核公告内容与招聘方案的要求是否一致；审核社会应知情的信息是否在公告中得到完整的体现；公告信息要多渠道发布，且合理安排公告周期，扩大知情面，尽量减少信息不对称的程度。

（三）受理报名和资格审查环节的风险及防范

受理报名和资格审查环节的风险主要包括以下两个方面。

（1）工作人员因主观或客观原因而对资格审查把关不严，出现不符合资格要求的人员报名入围。例如，主观上是因人情关系而故意把关不严；客观上是因业务不精，对一些问题拿不准。

（2）资格材料（证明、学历等）的真伪难以判断，导致资格审查时存在争议。

为此，招聘单位应严格按照招聘条件进行资格审查，适当增加审核或复检环节，对工作人员做好业务培训，防止不符合条件的报考者通过审核或者符合条件的报考者未通过审核的情况发生。

（四）组织考试和面试环节的风险及防范

考试和面试环节容易成为考生怀疑或不放心的一个环节，也是风险较多的一个环节。此环节的主要风险包括以下四个方面。

（1）考试和面试前资格复审把关不严，导致考试和面试后或考察期间引发争议、纠纷。

（2）考试和面试的方案与规则不科学、不严谨，出现考试和面试结果的公平性、合理性不足。

（3）考试和面试命题出现泄密情况或相关内容及题型存在倾向性、因人制题。

（4）考官的选派不严谨，容易留下考生及家长攻关的空间，从而造成不公甚至腐败现象的发生。

为此，考试和面试方案的设计应体现公平、公正、规范的原则，考试和面试的命题、考官组成、面试程序、面试组织等环节应完善、严密，安全及保密措施应完善、有力，组织领导和工作责任落实到位。

（五）组织体检环节的风险及防范

体检环节可能会出现因考生及家长与医院工作人员串通作弊，工作人员责任心不强、不按规定办事，出现渎职失职行为，造成不合格人员通过体检的风险。因此，招聘单位应在体检前，按要求选好体检医院，一般应是县级以上综合医院，并与负责体检的医院签订协议书；做好相关人员的培训工作，提出工作要求，包括保密要求；必要时派专门工作人员到医院监督体检过程；对有疑问的，执行复检程序。

（六）考察环节的风险及防范

考察环节的主要工作是按考察要求和招聘公告相关规定对拟聘人员进行考察，形成考察报告。该环节的主要风险在于考察单位或考察人员未对被考察人进行实地且详细的考察，从而形成不真实的考察报告。若只是函询考察而没有实地走访、外出，或考察人员接受被考察人的接待等，都有可能导致考察流于形式，甚至与有问题的被考察人发生交易。因此，应规范考察工作程序，按规范和招聘公告的相关规定对拟聘人员进行考察，考察人员必须两人以上，且不得接受被考察人及相关单位的接待。形成考察报告后应提请单位集体研究确定拟聘人选。

二、人力资源的使用

良好的人力资源使用机制，可以促进员工队伍充满活力，保证员工连续的职业生涯，使人力资源符合单位发展目标，实现单位和员工的双赢。事业单位应当依据业务活动和岗位特点，设置科学的业绩考核指标体系，对各级岗位人员进行考核与评价，以此作为员工职级调整和解除劳动合同等的重要依据。单位要注重发挥绩效考核对调动员工积极性和创造性的引导作用，注重对绩效考核结果的科学运用。

一般来说，人力资源的使用主要存在如下风险。

（1）人员岗位安排不合理，未能人尽其才。

（2）人员过剩，人浮于事，工作效率低下。

（3）人员、岗位缺乏流动性，轮岗晋升机制不健全，限制了员工的工作活力。

（4）忽视人员业务和技术培训，造成员工专业能力提升缓慢。

（5）人员绩效考核机制不合理，缺少科学的考核管理体系，缺乏有效的激励与约束机制，无法调动员工工作的积极性和主动性。

防范人力资源使用风险，主要应考虑从建立科学、合理的人力资源使用制度入手，形成以人为本、尊重人才、关心员工成长的用人风气最为关键。单位可依据自身情况，完善以下几个方面。

（1）注重人员技术专长和业务能力的分析、评价，做到人员能力与岗位的匹配。

（2）完善岗位晋升、职称晋升、岗位轮换等制度，确保人员流动，保持人员活力。

（3）加强人员培训教育的投入，促进人员能力提升。

（4）绩效考核与薪酬相挂钩，既体现效率优先又兼顾公平，平衡管理人员和专业技术人员的薪酬，避免管理人员获得超越其实际贡献的薪酬，使薪酬体系符合政策法规及有效激励的要求。

（5）提高员工的责任感、认同感和归属感，促使人力资源效用的发挥，使人力资源得到优化配置。

三、人力资源的退出

人力资源的退出是人力资源管理的重要组成部分。单位应以人为本，建立和完善人力资源激励约束机制，从战略层面、管理层面理性对待人力资源的退出，致力促进人力资源系统良性循环。通过辞职、正常退休、调出、参加国家或地方考试进入另一个单位、停薪留职、离岗转岗等途径，可以实现员工直接或间接的退出，让更适合的人员充实相应的岗位，实现人力资源的优化配置。

（一）人力资源退出主要面临的风险

（1）单位可能违反国家法律法规，引发劳动纠纷，带来经济及名誉损失。

（2）员工退出不规范，缺乏有序的管理，影响业务的顺利进行。

（3）员工退出信息没有被及时、准确记录，影响人力资源管理信息库和员工薪酬核算的准确性。

（4）员工退出后未能履行保密义务，导致重要技术、知识产权或国家秘密的泄露，造成损失。

（二）防范人力资源退出风险的措施

（1）要建立清晰明确、合法合理的人员退出标准和退出程序，按程序及时公开人员退出信息。

（2）人员退出应严格按照法律规定进行操作，要有书面材料记录，要履行报批程序，使员工退出具有充分证据。需要补偿员工的按政策补偿到位。

（3）人员退出后应及时更新人员数据库，通知人员所在部门、财务部门等相关部门，停止工资发放，避免"吃空饷"的情况出现。

（4）重要管理岗位和技术岗位人员离职前，应根据有关法律法规的规定进行工作交接或离任审计。

第十一章 事业单位内部控制评价

事业单位内部控制评价即内部控制自我评价，是指由事业单位领导实施的，对单位内部控制的有效性进行评价，形成评价结论，出具评价报告的过程。内部控制自我评价非常重要，因为只有对内部控制的设计和运行情况进行持续评价，才能发现内部控制的风险所在和薄弱环节，并有针对性地修补管控过程的漏洞，从而实现内部控制系统的不断完善。内部控制自我评价，是优化内部控制自我监督机制的一项重要制度安排，是内部控制系统的有机组成部分，它与内部控制的建立与实施构成了一个动态的有机循环。

第一节 内部控制评价概述

明确事业单位内部控制自我评价的组织形式，是内部控制自我评价工作能够有序、高效开展的前提。事业单位内部控制自我评价组织形式的关键问题是明确评价工作的具体实施主体和相关部门在内部控制自我评价中的职责，处理好事业单位内部控制自我评价和内部监督的关系，使事业单位各部门能够权责分明、协调配合。

一、内部控制自我评价的实施主体

事业单位应定期由相对独立的人员对内部控制的有效性进行评价。内部控制自我评价工作的实施主体一般为事业单位内部审计机构或专门的内部控制自我评价机构。对于单独设有专门内部控制机构的事业单位，可由该内部控制机构来负责内部控制自我评价的具体组织与实施工作，但为了保证评价的独立性，负责内部控制设计和评价的部门应适当分离。事业单位也可以委托专业的中介机构实施内部控制自我评价，但中介机构受托为事业单位实施内部控制自我评价是一种非保证服务，内部控制自我评价报告的责任仍然应由事业单位自身承担。

事业单位可根据《行政事业单位内部控制规范（试行）》的要求和单位的实际情况、经济活动的规模、复杂程度及管理模式等特点，决定是否单独设置专门的内部控制自我评价机构。内部控制自我评价机构必须具备一定的设置条件：一是具备独立性，即能够独立地行使对内部控制系统建立与运行过程及结果进行监督的权力；二是具备与监督和评价内部控制系统相适应的专业胜任能力与职业道德素质；三是与事业单位其他职能机构就监督与评价内部控制系统方面应当保持协调一致，在工作中相互配合、相互制约，在效率效果上满足事业单位对内部控制系统进行监督与评价所提出的有关要求；四是能够得到事业单位领导班子等单位各级领导和工作人员的支持，有足够的权威性来保证内部控制自我评价工作的顺利开展。

二、相关部门在内部控制自我评价中的职责

对相关部门在内部控制自我评价中的职责划分应以分工制衡、协调工作、提高效率为宗旨。不同的事业单位组织形式，在内部控制自我评价工作的分工上可以有所差异。但无论事业单位采取何种组织形式，单位领导班子、内部审计部门、内部纪检部门和专门的内部控制自我评价机构在内部控制自我评价中的职能作用不会发生本质的变化。

（一）事业单位领导与内部审计部门

事业单位领导对内部控制自我评价承担最终责任，对内部控制自我评价报告的真实性负责。单位领导可以通过内部审计部门来承担对内部控制自我评价的组织、领导和监督职责。单位领导和内部审计部门应听取内部控制自我评价报告，审定内部控制重大缺陷、重要缺陷整改意见，对内部控制部门在督促整改中遇到的困难积极协调、排除障碍。

（二）工作人员

事业单位领导班子组织实施内部控制自我评价工作，一方面授权内部控制自我评价机构组织实施，另一方面需要单位各级工作人员积极支持和配合内部控制自我评价工作的开展，为其创造良好的环境和条件。单位各级工作人员应结合日常掌握的业务情况，为内部控制自我评价方案提出关键控制点及应重点关注的业务或事项，审定内部控制自我评价方案和听取内部控制自我评价报告，对于内部控制自我评价中发现的问题及报告的缺陷，按照具体整改意见积极采取有效措施予以整改。各部门及下属单位负责组织本部门的内控自查、测试和评价工作，对发现的设计和执行缺陷提出整改方案及具体整改计划，积极整改，并报送内部控制机构复核，配合内部控制自我评价工作。

（三）事业单位附属单位

各附属单位也要逐级落实内部控制自我评价责任，建立日常监控机制，开展内控自查、测试和定期检查评价，发现问题并认定内部控制缺陷，需拟订整改方案和计划，报本级负责人审定后督促整改，编制内部控制自我评价报告，对内部控制的执行和整改情况进行考核。事业单位各部门及下属单位在制定本单位内部控制目标时应注意结合上级单位相应控制指标要求，如预算控制、采购控制等，并及时与上级单位进行沟通、反馈。

（四）内部控制自我评价机构

对于省级以上（包括省级）事业单位及制度成熟、条件允许的事业单位应成立内部控制自我评价机构，由单位领导班子统一负责授权、内部控制专家及群众代表组成，独立于内部控制设计机构，对单位内部控制设计及运行的有效性进行定期评价，负责出具内部控制自我评价报告，向单位领导班子反映评价结果，并最终报至上级财政部门。内部控制自我评价机构根据事业单位领导班子授权承担内部控制自我评价的具体组织实施任务，通过复核、汇总、分析内部监督资料，结合单位领导班子的要求，拟订合理的评价工作方案并认真组织实施；对于评价过程中发现的重大问题，应及时与负责人、内部审计部门及单位各级工作人员沟通，并认定内部控制缺陷，拟订整改方案，编写内部控制自我评价报告，及时向负责人和内审部门报告；督促各职能部门、所属事业单位对内部控制进行整改；根据评价和整改情况拟订内部控制考核方案。

（五）内部纪检监察部门

事业单位内部纪检监察部门要按照相关法律法规对内部控制自我评价报告进行审核，对单位领导班子建立与实施内部控制进行监督。内部纪检监察部门由单位领导班子直接授权，有条件的单位可以单独设立该部门，规模较小或条件不允许的单位由单位领导兼任。该部门侧重于对事业单位内部党员同志在工作过程中易出现错误导致腐败等违法违规问题进行监督、监察，是站在内部控制较高层面的监督工作，针对事业单位内部控制中的关键控制点的关键岗位实施内部控制监督，直接反映出单位领导对于内部控制建设及实施的态度及力度。事业单位内部纪检监察部门从高层领导者工作的严谨性及合法合规性入手，监督事业单位日常及特殊事务处理，对单位最高领导人负责。纪检监察部门应对每次监督检查工作过程及结果进行书面记录，评价单位主要管理者的工作情况，并提出相应问题的改进意见，在指定时间内对其问题的解决进行监察。

第二节　内部控制评价的对象

事业单位内部控制自我评价是对单位内部控制的有效性发表意见。因此，内部控制自我评价的对象即内部控制的有效性。所谓内部控制的有效性，是指事业单位建立与实施内部控制对实现控制目标提供合理保证的程度。由于受内部控制固有限制（如评价人员的职业判断、成本效益原则等）的影响，内部控制自我评价只能为内部控制目标的实现提供合理保证，而不能提供绝对保证。内部控制自我评价的有效性包括组织层级和业务层级内部控制设计与执行的有效性，还包括内部控制缺陷评价。

一、内部控制设计的有效性

事业单位内部控制设计的有效性是指为实现控制目标所必需的内部控制程序都存在并且设计恰当，能够为控制目标的实现提供合理保证。对于财务报告目标来讲，内部控制设计的有效性表现为所设计的相关内部控制程序能够规范会计行为，保证会计资料的正确性、可靠性，防止、发现并纠正财务报告的重大错报；对于资产安全目标而言，内部控制设计的有效性表现为所设计的内部控制程序能够合理保证国家财产的安全与完整，防止国有资产流失；对于合规目标来说，内部控制设计的有效性表现为所设计的内部控制程序能够合理保证事业单位遵循国家相关法律法规，确保国家相关规章制度能够得到有效贯彻和落实；对于公共服务目标而言，内部控制设计的有效性表现为所设计的内部控制程序能够合理保证事业单位经济活动的效率和效果。

评价事业单位内部控制设计的有效性，可以从以下四个方面来考虑：第一，内部控制设计的合法性，即事业单位在对内部控制进行设计的过程中，是否做到以内部控制的基本原理为前提，以相关法律法规为依据；第二；内部控制设计的全面性，即内部控制的设计是否覆盖了所有关键控制点与业务，对单位内部各相关部门人员和相关工作任务都具备约束力；第三，内部控制设计的适当性，即内部控制的设计是否与事业单位自身的经营特点、复杂程度以及风险管理要求相匹配；第四，内部控制设计的适应性，即内部控制的设计是否具有环境适应性，能够依外部环境和自身条件的变化适时地调整关键控制点与控制措施。

二、内部控制执行的有效性

事业单位内部控制执行的有效性是指在内部控制设计有效的前提下，内部控制能够按照设计的内部控制程序正确地执行，从而为控制目标的实现提供合理保证。内部控制执行的有效性离不开设计的有效性，如果内部控制在设计上存在漏洞，即使这些内部控制制度能够得到一贯执行，那么也不能认为其运行是有效的。评价内部控制执行的有效性，应当着重考虑以下三个方面：一是相关控制在评价期内是如何运行的，二是相关控制是否得到了持续一贯运行，三是实施控制的人员是否具备必要的权限和能力。事业单位内部控制制度不是一成不变的，它需要事业单位不断根据外部环境和自身业务的变化而做相应的调整。比如当事业单位开始从事经营类基金项目的管理运营业务，就需要对金融投资产品的种类、特点、风险以及对公共服务目标的影响进行评估，设计针对该业务的控制程序。然而，设计再完美的内部控制制度如果不能很好地贯彻执行，那也只是一纸空文。现实中的事业单位普遍存在的问题不在于缺少一套设计健全的内部控制制度，而在于内部控制制度缺乏动态完善性，执行不力。因此，内部控制设计的动态调整性和内部控制执行的有效性应该成为我国事业单位内部控制自我评价的重点。

三、内部控制缺陷评价

内部控制建立和执行情况总体评价是对单位组织层级及业务层级内部控制的

建立与实施情况进行总结和评价。总结和评价主要围绕着单位内部控制制度建设的完整性和内部控制制度实施的有效性，并对内部控制实施的总体效果进行分析和总结。其既包括单位组织层级中的组织架构、决策机制、执行机制、监督机制和协同机制，也包括业务层级中的预算业务控制、收支业务控制、采购业务控制、资产控制、建设项目控制和合同控制。

内部控制效果分析是对内部控制在单位实施后，对单位组织架构和各项业务活动顺利开展的积极效果进行总结。其具体包括单位完成各级政府交给的各项任务、公共资源、公共资金和国有资产管理的履约责任完成情况等。

事业单位内部控制自我评价是完善内部控制制度的有效途径，而内部控制自我评价的核心任务是找出事业单位内部控制在设计和实施过程中的缺陷，对缺陷的性质进行分析，进而有针对性地提出相应的整改措施并督促落实。因此，从某种意义上说，事业单位内部控制自我评价的成效在很大程度上取决于对内部控制缺陷的认定和评价。

内部控制缺陷按照不同的标准可以有不同的分类。一般来说，按照内部控制缺陷的来源不同，可将内部控制缺陷分为设计缺陷和执行缺陷。

（1）设计缺陷。设计缺陷是指事业单位缺少为实现控制目标所必需的控制措施，或现存控制设计不适当，即使正常运行也难以实现控制目标。

（2）执行缺陷。执行缺陷是指设计有效（合理且适当）的内部控制由于运行不当（包括由不恰当的人执行、未按设计的方式运行、运行的时间或频率不当、没有得到一贯有效运行等）而影响控制目标的实现所形成的内部控制缺陷。

内部控制缺陷一经认定，应以适当的方式向事业单位领导班子报告，事业单位对于认定的内部控制缺陷，应当及时采取整改措施，切实将风险控制在可承受的范围内，并追究有关机构或相关人员的责任。

事业单位内部控制自我评价机构应就发现的内部控制缺陷提出整改建议，并报上级主管部门、单位领导班子、内部审计部门和纪检监察部门批准。整改建议获批后，应制定切实可行的整改方案，包括整改目标、内容、步骤、措施、方法和期限。整改期限超过一年的，整改目标应明确近期和远期目标以及相应的整改工作内容。

内部控制自我评价报告要对缺陷分析中涉及的制度订立与执行中的具体缺陷进行分析和完善，有针对性地设计相应的内部控制活动，调整组织机构和岗位，设置相关工作机制，消除缺陷及其不利影响。

第三节　内部控制评价的流程与方法

内部控制评价工作应当与内部控制设计和实施工作保持独立，评价的方法、范围和频率由单位根据自身的性质、业务范围、业务规模、管理模式和实际风险水平确定。内部控制自我评价作为事业单位内部控制系统的自我检查、自我纠正和自我完善机制，不仅是一个完整的事业单位内部控制系统的不可或缺的有机组成部分，同时其自身也自成体系。规范内部控制自我评价的流程，明确具体且操作性强的评价方法，是评价工作得以科学、有序、高效开展的关键，也是最终形成评价报告的前提和基础。

一、内部控制自我评价的流程

事业单位内部控制自我评价的流程一般包括制定评价工作方案、组成评价工作组、实施现场测试、汇总评价结果、编制评价报告、报告反馈与跟踪等主要环节。这些程序环环相扣、相互衔接、相互作用，构成了内部控制自我评价的基本流程。

（一）准备阶段

1.制定评价工作方案

事业单位内部控制自我评价机构应当以内部控制目标为依据，结合事业单位的内部情况和管理要求，分析事业单位经营管理过程中影响内部控制目标实现的高风险领域和重要业务事项，确定检查评价方法，制定科学合理的评价工作方案，经上级主管部门和单位领导班子批准后实施。评价工作方案应当明确评价主体范围、工作任务、人员组织、进度安排和费用预算等相关内容。评价采取自下而上的方式，从基层单位开始，由各基层单位和部门的负责人负责，全体人员共同参与，逐级汇总，形成单位内部控制总体评价。评价工作方案以全面评价为主，也可以根据需要采用重点评价的方式。

2.组成评价工作组

评价工作组在内部控制自我评价机构的领导下，具体承担内部控制检查评价任务。内部控制自我评价机构根据经批准的评价方案，挑选具备独立性、业务胜任能力和职业道德素养的评价人员实施评价。评价工作组成员应当吸收事业单位内部相关机构中熟悉情况、参与日常监控的负责人或其他管理人员参加，并注意保持与内部控制设计工作组的独立性。事业单位应根据自身条件，尽量建立长效内部控制自我评价培训机制。

（二）实施阶段

1.了解单位基本情况

评价工作组应与单位充分沟通事业单位组织机构设置及职责分工、负责人构成及分工等基本情况。

2.确定评价范围和重点

评价工作组根据掌握的情况进一步确定评价范围、检查重点和抽样数量，结合评价人员的专业背景进行合理分工，并可根据实际需要适当调整检查重点和分工情况。

3.开展现场检查测试

评价工作组根据评价人员分工，综合运用各种评价方法对内部控制设计与运行的有效性进行现场检查测试，按要求填写工作底稿，记录相关测试结果，并对发现的内部控制缺陷进行初步认定。

（三）编制评价报告阶段

1.编制现场评价报告

评价工作组汇总评价人员的工作底稿，初步认定事业单位内部控制缺陷，形成现场评价表。评价工作底稿应进行交叉复核签字，并由评价工作组负责人审核后签字确认。评价工作组将评价结果向被评价单位进行通报，由被评价单位相关责任人签字确认后，提交事业单位内部控制自我评价机构。

2.汇总评价结果，编制内部控制自我评价报告

内部控制自我评价机构汇总各评价工作组的评价结果，对工作组现场初步认定的内部控制缺陷进行全面复核、分类汇总，对缺陷的成因、表现形式及风险程度进行定量或定性的综合分析，按照对控制目标的影响程度判定缺陷等级。内部控制自我评价机构以汇总的评价结果和认定的内部控制缺陷为基础，综合内部控制工作整体情况，客观、公正、完整地编制内部控制自我评价报告，并报送事业单位领导班子、内部审计部门和纪检监察部门，经上级主管部门最终审定、签字后报送同级财政部门。

（四）报告反馈与跟踪阶段

对于认定的内部控制缺陷，内部控制自我评价机构应当结合事业单位领导班子、内部审计部门和纪检监察部门的要求，提出整改建议，要求责任单位及时整改，并跟踪其整改落实情况。已经造成损失或负面影响的，事业单位应当追究相关人员的责任。

二、内部控制自我评价方法

事业单位内部控制自我评价工作组对被评价单位进行现场测试时，可以单独或者综合运用个别访谈法、调查问卷法、穿行测试法、抽样法、实地查验法、比较分析法和专题讨论法等方法，充分收集被评价单位内部控制设计和运行是否有效的证据，按照评价的具体内容如实填写评价工作底稿，研究分析内部控制缺陷。

（一）个别访谈法

个别访谈法主要用于了解事业单位内部控制的现状，在单位层面评价及业务层面评价的了解阶段经常使用。访谈前应根据内部控制自我评价需求形成访谈提纲，撰写访谈纪要，记录访谈的内容。为了保证访谈结果的真实性，应尽量访谈不同岗位的不同的人员以获得更可靠的证据。个别访谈法应首先从单位领导班子开始，逐步将范围扩大到各级领导及单位其他员工，这有助于了解单位内部控制思想的建设程度，确定单位内部控制可靠程度，对整体评价内部控制环境有显著效果。

（二）调查问卷法

调查问卷法主要用于单位层面评价，如对内部控制整体有效性、控制环境的评价。调查问卷应尽量扩大对象范围，包括事业单位各个层级的员工，应注意事先保密，题目尽量简单易答（如答案只需为“是”“否”“有”“没有”等）。比如，“你认为你的自身价值是否能够在事业单位发展中得到充分实现？”“你对事业单位的核心价值观是否认同？”调查问卷法多用于评价事业单位内部控制要素的定性因素。在调查问卷的设计中应注意关键问题的提问方式、答案的清晰程度，并对应各给定答案赋值，最终便于定性分析其相关要素。

（三）穿行测试法

穿行测试法是指在事业单位内部控制流程中任意选取一笔业务作为样本，追踪该交易从最初起源直到最终在财务报表或其他内部管理报告中反映出来的过程，即该流程从起点到终点的全过程，以此了解控制措施设计的有效性，并识别出关键控制点。该方法对于评价建设项目的费用结算情况、合同保管情况、预算控制情况、资产管理及债务管理情况等均有显著的效率和效果。业务流程和财务报表分析的结合使用，在重要账户的识别及相关风险的评价中具有非常重要的意义。在应用业务流程时，辅以传统会计循环的分析效果更佳。与财务报表账户相联系的流程，如预算编制对应未支用拨款及财政账户的余额，人力资源管理对应员工福利、工资和其他补贴、养老金或退休金账户，采购对应财政账户余额、固定资产及合同费用等。与财务报表账户及交易相关的会计循环包括票据、现金收入、采购、现金支出、薪酬等。

（四）抽样法

抽样法分为随机抽样和其他抽样。随机抽样是指按随机原则从样本库中抽取一定数量的样本，其他抽样是指人工任意选取或按某一特定标准从样本库中抽取一定数量的样本。在使用抽样法时，首先，要确定样本库的完整性，即样本库应包含符合控制测试的所有样本；其次，要确定所抽取样本的充分性，即样本的数量应当能够检验所测试的控制点的有效性；最后，要确定所抽取样本的适当性，即获取的证据应当与所测试控制点的设计和运行相关，并能可靠地反映控制点的实际运行情况。该方法较多地应用于对收支流程和费用报销授权、签字的审批过程的评价，对于印章和票据管理、债务管理流程及职责、人员培训情况、合同管理等方面同样适用。推荐在评价关键岗位业务人员和部门负责人的轮岗制度、关键岗位人员离岗或工作交接是否存在责任不清或相关资料丢失等情况时使用抽样法。

（五）实地查验法

实地查验法主要针对业务层面控制。它通过使用统一的测试工作表，与实际的业务、财务单证进行核对的方法进行控制测试，如实地盘点某种存货。实地查验法的结果有多种体现方式，如对某一业务流程的控制评价，既可以通过评估现有记录的充分性来评价控制程度，也可以用流程图来描绘出常规业务的处理流程，可以直观地发现流程中可能出现的错误，并应予实施控制程度的作业点，或者以叙述式记录（如信息处理步骤）反映相关控制情况。

（六）比较分析法

比较分析法是指通过数据分析，识别评价关注点的方法。数据分析可以是与历史数据、标准数据或先进事业单位数据等进行比较。例如，对事业单位的预算控制进行评价时，最好采用零基预算和细化预算法，找出预算超支的项目并重点审查。比较分析法较为直观的反映方式是矩阵表格，将需分析的控制点、历史数据/标准数据、现行数据、控制描述等编制成矩阵表格，高效地显示数据变化的程度及原因，迅速找出单位应重点控制的环节。

（七）专题讨论法

专题讨论法主要是集合有关专业人员就事业单位内部控制的执行情况或控制问题进行分析，既是控制评价的手段，也是形成缺陷整改方案的途径。对于同时涉及财务、业务、信息技术等方面的控制缺陷，往往需要由内部控制管理部门组织召开专题讨论会议，综合内部各机构、各方面的意见，研究确定缺陷整改方案。

在实际评价工作中，以上这些方法可以配合使用。此外，还可以使用观察、检查、重新执行等方法，也可以利用信息系统开发检查方法，或利用实际工作和检查测试经验。对于事业单位通过系统采用自动控制、预防控制的，应在方法上注意与人工控制、发现性控制的区别。

第四节　内部控制评价结果的处理

事业单位应当根据年度内部控制自我评价结果，结合内部控制自我评价工作底稿和内部控制缺陷汇总表等资料，按照规定的程序和要求，及时编制内部控制自我评价报告。事业单位内部控制自我评价的结果要以书面报告的形式作为最终体现。事业单位应以每年预算截止日作为年度内部控制自我评价报告的基准日，于基准日后一定时间内报出内部控制自我评价报告，应同时将内部审计报告对外报出。对于自内部控制自我评价报告基准日至内部控制自我评价报告报出日之间发生的影响内部控制有效性的因素，内部控制自我评价部门应予以关注，并根据其性质和影响程度对评价结论进行相应调整。事业单位内部控制自我评价报告应按规定报送有关监管部门。这些强制性披露的规定迫切要求单位领导班子转变以往对内部控制自我评价和披露的认识，真正地认识到内部控制对事业单位提高经营管理水平和风险防范能力的作用，将内部控制自我评价作为发现管控漏洞和提高经营管理水平的关键步骤，是对单位内部控制的再控制，使内部控制信息披露成为主动接受外界监督的有效手段。事业单位内部控制自我评价对外报告的使用者主要包括以下单位和部门。

一、单位内部

事业单位内部控制评价的首要目的就是建立健全单位内部控制体系，提升单位内部管理水平，使单位组织层面和业务层面内部控制更为科学、合理，促使单位内部控制有效实施。在这样的目标下，单位应根据内部控制评价结果，按照风险管理的方法，对单位风险进行识别和分析，按照评价的原则和方法，找出内部控制设计和实施的薄弱环节。事业单位内部控制评价报告在单位内部的使用者主要是事业单位领导班子、内部审计部门和纪检监察部门等。领导班子应将内部控制评价的结果作为单位内部考核的依据，对执行内部控制成效显著的内部机构和人员提出表彰，将评价结果和单位干部升迁相挂钩；对违反内部控制的内部机构和人员提出处理意见；对发现的内部控制设计缺陷，应当分析其产生的原因，提出改进方案。内部审计部门根据内部控制评价的结果对单位内部控制建设进行设计，有针对性地提出改善内部控制的对策和建议。纪检监察部门应针对内部控制评价结果中暴露的党员干部的违法、违纪和违规情况进行分析，严肃处理并依法追究责任。另外，事业单位内部控制评价是相关外部监管部门进行日常监管活动的重要依据。事业单位编制的内部控制自我评价报告应当报经上级主管部门、单位领导班子、内部审计部门和纪检监察部门批准后报送至同级财政部门与纪检监察部门，达到外部监管部门对单位内部控制监督管理的要求。

二、政府财政部门

政府财政部门是事业单位内部控制规范的主要制定者和发布者，各级财政部门是事业单位内部控制的直接外部管理者。在事业单位内部控制外部监督体系中，财政部门的监督作用贯穿了外部监督过程的始终，尤其在事前监督和事后监督环节扮演着极为重要的角色。财政部门预算管理机构和财政监督机构都要通过内部控制评价报告加强对事业单位内部控制的外部监督，建立并完善与部门和预算单位沟通顺畅的工作机制，形成管理合力。要进一步明确财政监督机构与预算管理机构的监督职责，严格落实职责分工。财政监督机构负责拟订财政监督制度，牵头拟订并组织实施年度监督计划，对预算管理机构履行日常监督职责进行再监督。财政监督机构与预算管理机构要加强工作协调，建立高效顺畅的工作协调机制和信息共享制度，形成相互协调、紧密衔接的综合监管机制。财政监督机构要参与涉及财政监督的财税政策及管理办法的拟订，及时向预算管理机构反馈财政管理和政策执行中存在的问题及有关监督检查情况。预算管理机构要向财政监督机构抄送文件，开放必要的数据端口，支持配合财政监督机构开展专项监督检查，落实处理处罚决定。根据财政监督机构的意见，完善政策、加强管理，将其作为预算安排的参考依据，并及时反馈成果利用情况。要将近年来的有益经验和成功做法提炼为财政监督法规制度，切实将财政监督贯穿于财政部门工作大局之中，贯穿于财政管理体制、机制建设和改革总体设计之中，贯穿于财政管理运行的全过程，推动建立健全监督机制。

三、政府审计部门

政府审计部门是外部审计机制的主导部门，也是事业单位内部控制的外部监管部门。政府审计部门在资源受限或者在内部控制等社会审计擅长的领域可以聘任社会审计机构进行审计，以充分发挥两者的优势，形成优势互补。政府审计部门主管外部审计工作，负责对外部审计进行长期规划和总体指导，包括聘任社会审计机构承担部分政府审计职能。政府审计部门对外部审计负有监督的职责，包括监督政府审计部门的工作和社会审计部门的工作，而外部审计工作的基础就是单位内部控制评价报告。可以说，政府审计部门通过内部控制评价报告对单位政府审计承担最终的责任。政府审计代表国家利益，对被审计单位的违法违纪问题既有审查权也有处理权，社会审计在接受政府审计委托的前提下能够行使审查权但无处理权。但是，政府审计可以根据社会审计的结果对违法违纪行为行使处理权。外部审计的原则是外部审计必须遵循的基本准则，包括合法性原则、独立性原则、客观性原则和效益性原则。

四、纪检监察部门

纪检监察部门应根据事业单位内部控制评价报告检查事业单位在遵守与执行法律、法规和人民政府的决定、命令中的问题，受理对事业单位及其工作人员违反行政纪律行为的控告、检举、调查处理，以及法律、行政法规规定的其他由纪检监察部门受理的申诉，履行法律、行政法规规定由监察机关履行的其他职责。另外，纪检监察部门对事业单位内部控制的监督还要充分采用社会监督的方式，适时、适度公布单位内部控制评价报告，发动社会公众积极参与。进一步讲，采用社会监督方式实质上是有利于推动社会公众、媒体等对事业单位内部控制外部监督作用的发挥，使事业单位内部控制外部监督更加外部化、广泛化，形成促进事业单位强化内部控制的良好外部监督环境。

参考文献

[1] 朱效平. 法治视角下行政事业单位内部控制研究 [M]. 济南：山东大学出版社，2019.

[2] 张俊杰，李满威. 行政事业单位内部控制建设概论与范例 [M]. 北京：经济科学出版社，2018.

[3] 高新华. 行政事业单位内部控制与风险管理 [M]. 济南：济南出版社，2019.

[4] 王砚书，叶艳丽. 行政事业单位内部控制标准化设计与应用 [M]. 北京：经济科学出版社，2020.

[5] 阎宝琴. 科研事业单位内部控制建设实施指南 [M]. 北京：中国经济出版社，2022.

[6] 李卫斌. 行政事业单位内部控制的制度逻辑与实施机制研究 [M]. 北京：中国财政经济出版社，2020.

[7] 黄的祥，蓝茂. 行政事业单位内部控制实操方案 [M]. 西安：西北工业大学出版社，2018.

[8] 王双双. 科研事业单位内部控制体系建设研究与实务 [M]. 北京：化学工业出版社，2022.

[9] 李素鹏. 行政事业单位内部控制体系建设全流程操作指南 [M]. 北京：人民邮电出版社，2020.

[10] 杨武岐，田亚明，付晨璐. 事业单位内部控制 [M]. 北京：中国经济出版社，2018.

[11] 许娟，韩俊仕，姚琴，等. 行政事业单位财会人员必备通识［M］. 北京：中国财政经济出版社，2020.

[12] 郝建国，刘秋霞，郝玮. 行政事业单位内部控制体系建设［M］. 北京：中国市场出版社，2019.

[13] 孙银英. 行政事业单位内部控制构建与研究［M］. 长春：吉林大学出版社，2019.

[14] 王德敏. 行政事业单位内部控制精细化管理全案［M］. 2版. 北京：中国劳动社会保障出版社，2021.